명언과 역사로 보는
시경 이야기

先秦經典智慧名言故事叢書 -《詩經》
copyright ⓒ 2004 by Zhang Shu-hua (張樹驊)
All rights reserved
No part of this book may be used or reproduced in any manner
whatever without written permission except in the case of brief quotations
embodied in critical articles or reviews.
Korean Translation Copyright ⓒ 2008 by Dasan Media
Korean edition is published by permission of Qilu Press
through BOOKCOSMOS, Seoul.

이 책의 한국어판 저작권은 북코스모스를 통한
저작권자와의 독점계약으로 다산미디어에 있습니다. 저작권법에 의해
한국 내에서 보호를 받는 저작물이므로 무단전재와 복제를 금합니다.

先秦經典智慧名言故事叢書

명언과 역사로 보는
시경 이야기
― 시경의 명언 39구 ―

중국공자기금회 기획 | 楊曉偉·張明 지음 | 남종진 옮김

다산미디어

머리말

 중국 역사상 춘추전국春秋戰國시대는 기존의 사회구조가 해체되면서 새로운 사회질서가 모색되던 시기였다. 주周나라의 예악禮樂은 무너지고, 세상은 질서와 무질서가 끊임없이 뒤바뀌는 혼란한 국면으로 접어들었다. 하지만 이런 소용돌이 속에서 사상계는 오히려 유례없이 활발하게 움직였고, 문화는 극도의 번영을 구가하게 되었다. 공자孔子, 묵자墨子, 손자孫子, 노자老子, 맹자孟子, 장자莊子, 순자荀子, 한비자韓非子, 추연鄒衍 같은 제자諸子들이 잇달아 모습을 드러내고, 유가儒家, 도가道家, 묵가墨家, 병가兵家, 법가法家, 명가名家, 음양가陰陽家 같은 백가百家가 벌떼처럼 생겨났다. 그리하여 중국의 문화사에서 흔히 '백화제방百花齊放' 또는 '백가쟁명百家爭鳴'으로 일컬어지는 첫 번째 문화적 전성기를 맞이하게 되었다. 이는 중국문화의 기본적 틀을 이루었고, 나아가 중국문화의 후속 발전에 영원히 마르지 않는 원천이 되었다.

 선진先秦시대의 제자문화諸子文化는 중국문화의 원류를 이룬다. 당시 형성된 유가, 도가, 묵가, 법가, 명가, 병가 같은 각종

유파는 역사적으로 발전하는 과정에서 서로 대립하고 본받고 융합되면서 수천 년에 걸친 중국문화를 형성하는 밑거름이 되었으며, 역사적으로 갖은 수난을 겪으면서도 끝내 면면히 계승되어 하나의 문화 시스템을 이루었다. 따라서 선진시대의 제자문화는 중국문화의 근원이라고 할 수 있다.

선진의 문화는 하夏, 상商, 주周 삼대三代의 문화를 계승한 것이다. 그 가운데는 주공周公과 문왕文王의 도道를 계승함을 자임自任했던 공자의 사상이 있고, "천도天道를 미루어 인사人事를 밝힌" 노자와 장자의 사상이 있고, '겸애兼愛'와 '비공非攻'의 주장을 펼친 묵자의 사상이 있고, '신상필벌信賞必罰'을 주장한 법가의 사상이 있다. 그들은 제각기 유가, 도가, 묵가, 법가 문화의 발전 방향을 열어젖혔고, 나아가 중국문화의 물줄기를 이루었다.

선진시대 제자백가들이 남긴 경전은 선진 문화를 담은 담체이며, 또한 선진시대 철인哲人들의 지혜의 결정이다. 이는 무궁한 힘을 지니고 있으며, 언제나 사람들의 관심을 끄는 매력을 지녀 왔다. 옛사람과 현재의 사람들은 물론 미래의 사람들도 선진 제자들의 경전에 대해 끊임없이 탐구하고 해독함으로써 선철先哲들의 지혜를 깨닫게 될 것이며, 아울러 이를 비판적으로 계승하여 자신이 살고 있는 시대에 필요한 새로운 문화를 일궈

낼 것이다.

『명언과 역사로 보는 시경 이야기』(시경의 명언 39구)는 중국 공자기금회中國孔子基金會의 기획으로 원로에서 신진까지 다수의 학자들이 참여해 편찬한 「선진경전지혜명언고사총서先秦經典智慧名言故事叢書」의 하나다. 「선진경전지혜명언고사총서」는 『주역周易』, 『상서尙書』, 『시경詩經』, 『논어論語』, 『맹자孟子』, 『노자老子』, 『장자莊子』, 『손자병법孫子兵法』, 『관자管子』, 『묵자墨子』, 『순자荀子』, 『한비자韓非子』, 『예기禮記』, 『좌전左傳』, 『국어國語』, 『전국책戰國策』, 『여씨춘추呂氏春秋』 등 선진 시기의 주요한 문헌들을 망라한다.

이 책의 구성과 집필에는 다음 몇 가지 점에 중점을 두었다.

첫째, 원서를 모두 읽기에 부담스러운 독자들을 고려해 원서의 내용 가운데 예로부터 널리 알려진 구절만을 선별해 수록했다. 명언의 선별은 '현재도 생명력을 갖는' 것을 우선적인 기준으로 삼았다. 또한 원서의 요점을 개괄적이고 정확하고 일맥상통하게 엿볼 수 있는 핵심적인 내용들을 중점적으로 추렸다. 아울러 선별된 명언은 원서의 순서에 따랐다.

둘째, 선별된 명언은 하나하나가 모두 선철先哲들의 빛나는 지혜의 결정이다. 하지만 오랜 세월의 괴리는 현대인들이 쉽게 이해할 수 없게 만들어 놓았다. 따라서 일반 독자들이 원서의 내용을 쉽게 이해할 수 있도록 선별된 명언에는 간단한 풀이를 더하고, 역사적 배경을 설명하고, 현대적 의미를 덧붙여 시간적 거리를 극복하고 진정한 의미를 깨달을 수 있게 하였다.

셋째, 선별된 명언마다 그 내용에 상응하는 예화例話를 덧붙였다. 예화는 명언과 연관된 역사적 사실이나 전문傳聞 또는 명언에 담긴 정신이 후세에 미침으로써 나타난 역사적 사례, 인물의 행위 등을 소개함으로써 독자들이 명언의 의미를 보다 깊이 있게 이해할 수 있도록 하였다.

중국공자기금회

차 례

머리말

『시경』은 어떤 책인가 | 2

01. 끼룩끼룩 노래하는 징경이는 | 10
02. 한수는 하도 넓어서 | 15
03. 까치가 지은 보금자리에 | 21
04. 누가 말했던가? 참새에 부리 없다고 | 28
05. 유유자적 여유롭게 | 33
06. 내 마음 돌이 아니어서 | 39
07. 시름 쌓여 태산인데 | 44
08. 따스한 바람 남쪽에서 불어와 | 49
09. 퐁퐁 솟아나는 샘물은 | 54
10. 고운 아가씨 예쁘기도 해라 | 59
11. 저 빛나는 우리 님이여 | 65
12. 새싹처럼 고운 손에 | 70
13. 사내들이 빠진 사랑 | 78
14. 머리 땋고 놀던 시절 | 84

15. 아는 이야 내 마음을 시름이라 하지만 | 90
16. 아가씨 쑥을 뜯네 | 96
17. 살아서는 함께하지 못한대도 | 101
18. 사람들이 말 많을까 두려워요 | 107
19. 좋은 술에 맛난 안주 즐기며 | 112
20. 씨를 뿌리지도 거두지도 않은 사람이 | 119
21. 땔나무를 동이고 나니 | 125
22. 우리 님이 그리워요 | 131
23. 갈대는 푸릇푸릇 이슬은 서리 되었네 | 137
24. 내게 반가운 손님 오시니 | 143
25. 형제는 집안에서는 싸워도 | 151
26. 하늘을 나는 저 새도 벗을 찾아 우는데 | 157
27. 쓸모없어 보이는 산 위의 돌도 | 163
28. 두렵도다 조심하자 | 170

29. 드넓은 하늘 아래 땅은 | 177

30. 주나라는 오래된 나라이지만 | 186

31. 부인에게 본보기가 되고 | 192

32. 맨 처음에 주나라 사람을 | 198

33. 술에 실컷 취하였고 | 204

34. 은나라의 거울 멀리 있지 않았으니 | 210

35. 날 적에는 누구에게나 있지만 | 217

36. 순종하는 말에는 대답하지만 | 222

37. 현명하고 지혜롭게 처신하여 | 228

38. 날로 쌓고 달로 쌓아 | 236

39. 하늘이 제비에게 명하시어 | 242

명언과 역사로 보는

시경 이야기

『시경』은 어떤 책인가

『시경詩經』은 중국 최초의 시가집詩歌集이다. 『시경』에 수록된 작품은 기원전 11세기부터 기원전 6세기에 걸친 6백 년 동안에 오늘날의 중국 섬서陝西, 산서山西, 하남河南, 산동山東, 호북湖北 등지에서 만들어진 것들이다. 전하는 바에 따르면 주周나라 왕실에는 민간의 노래를 전문적으로 채집하는 제도가 있었는데, 이를 '채시采詩'라고 불렀다고 한다. 『시경』에 수록된 적지 않은 작품은 이런 제도와 관계가 있다.

『시경』은 처음에는 '시詩'라고만 불렸다. 그런데 기원전 2세기 무렵인 한漢나라 무제武帝 때에 이르러 유가儒家의 '오경五經' 가운데 하나로 격상되면서, 비로소 『시경』으로 불리게 되었다. 『사기史記』 「공자세가孔子世家」의 기록에 따르면, '시'는 본래 3천 편 이상의 작품이 있었는데, 훗날 공자가 덜어내고 305편만을 남겼다고 한다. 이 때문에 '시삼백詩三百'으로 불리기도 한다.

진秦나라 시황始皇은 천하를 통일한 뒤에 여러 가지 문헌들을 모조리 불살랐다. 하지만 『시경』은 운문이어서 구두로 전하기 쉬웠기에 보존될 수 있었고, 한나라 때에 이르러 다시 전승되었다. 당시 전수된 시는 네 부류가 있었다. 제齊나라 사람인 원고轅固가 전한 「제시齊詩」, 노魯나라 사람 신배申培가 전한 「노시魯詩」, 연燕나라 사람 한영韓嬰이 전한 「한시韓詩」, 노나라 사람 모형毛亨이 전한 「모시毛詩」가 그것이다. 이 네 부류의 시는 원문과 장절章節에 거의 차이가 없다. 일부 자구는 서로 통용될 수 있는 정도였고, 일부는 분장分章만이 다를 뿐이었지만 시에 대한 해석에 있어서는 차이가 컸다. 그러나 동한東漢의 경학자經學者 정현鄭玄이 「모시」에 해설을 덧붙인 이후로는 「모시」가 점차 성행하고 나머지 세 가지는 차츰 종적을 감추게 되었다. 지금 전해지는 『시경』은 바로 모형이 전한 「모시」다.

『시경』에 수록된 시는 「풍風」, 「아雅」, 「송頌」의 세 부류로 나뉜다. 이른바 '풍'은 「모시서毛詩序」의 설명에 따르면, "윗사람은 이것으로 아랫사람을 '풍화風化'하고, 아랫사람은 이것으로 윗사람을 '풍자諷刺'한다."는 의미다. '풍'은 한마디로 말하자면 지방의 민간가요다. 『시경』 가운데 「국풍國風」은 주남周南, 패풍邶風, 위풍衛風, 정풍鄭風, 제풍齊風 등 모두 15개 나라에서 나온 민간가요로, 모두 160편이다. '아雅'는 「모시서」에는 '정正'

으로 풀었는데, 이는 '정政', 즉 '왕정王政'을 가리킨다. 정사政事에는 크고 작음이 있다. 따라서 「아雅」는 「대아大雅」와 「소아小雅」로 나뉘며, 모두 105편이다. 「송」의 시가들은 주로 성덕聖德을 칭송한 것으로, 대부분 제사, 기도, 찬송의 내용을 담고 있다. 정현은 '송頌'을 '용容'으로 풀이했다. 「송」은 「주송周頌」, 「노송魯頌」, 「상송商頌」으로 나뉘며, 모두 40편이다. 풍격에 있어서 「풍」, 「아」, 「송」은 구별이 아주 뚜렷하다.

『시경』의 소재는 대략 몇 가지로 나눌 수 있다. 첫째, 혼인과 애정을 묘사한 작품이다. 이런 부류의 작품은 『시경』에 수록된 작품 가운데 가장 수량이 많다. 대부분 서정적 색채가 짙으며, 예술적 가치가 가장 높다. 둘째, 어두운 현실을 채찍질하고, 백성들의 생활상을 담아낸 작품이다. 이런 부류의 작품은 시대적 특징이 분명하며 역사적 가치가 높다. 셋째, 상고시대의 신화와 전설, 영웅사적을 노래한 작품이다. 이런 부류의 작품은 상고시대의 사회를 이해함에 있어서 중요한 자료가 된다.

『시경』의 주요한 창작 방법은 '부賦', '비比', '흥興' 세 가지다. 주희朱熹의 설명에 따르면, "부는 사실을 직접적으로 진술한 것"이고, "비는 저것으로 이것을 비유한 것"이며, "흥은 먼저 다른 것을 언급해 말하려는 것을 불러일으키는 것"이다. 간단히 말해서 '부'는 서술법이고, 비는 비유법이고, 흥은 연상법이다. 아울러 『시경』은 첩자疊字, 첩구疊句, 첩장疊章을 대량으로 운용함으로써 음악적 리듬감이 풍부하다. 이는 민간가요의 특징을 잘 보여주는 것이다. 『시경』의 많은 작품들은 표현이 소박하고 자연스러울 뿐 아니라 생동감이 흘러넘친다.

『시경』은 중국의 수천 년에 걸친 문학창작의 원천이 된다. 서정을 중심으로 하는 중국 시가의 기틀을 다졌을 뿐 아니라 후대 시인들의 창작에 본보기가 됨으로써 중국문학의 발전에 큰 영향을 미쳤다. 뿐만 아니라 『시경』 가운데 일부 작품은 당시의 생활상과 역사적 사건을 생생하게 묘사함으로써 매우 중요한 역사적 가치를 지닌다.

공자의 산시도 刪詩圖
공자는 3,000편 가까이 수집되어 있던 시가를 305편으로 정리해 지금 전해지는 『시경』의 모습으로 만들었다고 한다.

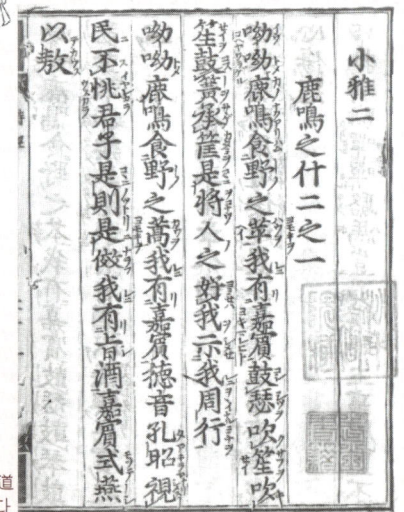

『시경』「소아」의 「녹명」
동한의 학자 정현鄭玄은 임금과 신하가 사방에서 온 손님들과 잔치를 열어 도道를 말하고 덕德을 닦는 노래라고 하였다.

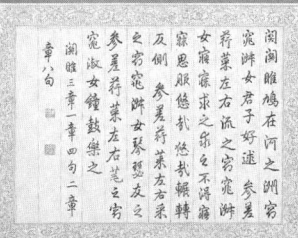

어필시경도御筆詩經圖(청나라 건륭제乾隆帝 어필사본)

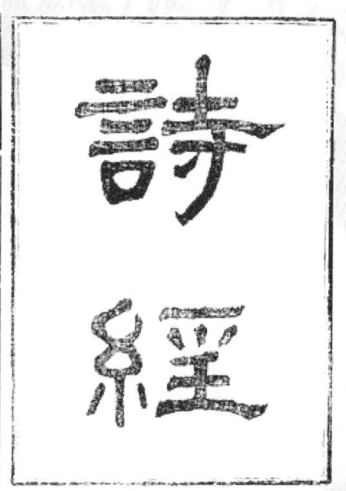

『시경전詩經傳』의 서문

시경 이야기

01.
끼룩끼룩 노래하는 징경이는

끼룩끼룩 노래하는 징경이는
황하 모래톱에서 서로 정담네
덕성어린 아리따운 요조숙녀는
일편단심 기다리는 나의 님이네

關關雎鳩관관저구, 在河之洲재하지주;
窈窕淑女요조숙녀, 君子好逑군자호구.

「주남周南 관저關雎」

풀이

關關 관관 새가 지저귀는 소리. 암수가 서로를 부르는 소리.
雎鳩 저구 징경이. 물수리.   **窈窕** 요조 아름다운 모습.
淑女 숙녀 얌전하고 아름다운 아가씨.
君子 군자 남자에 대한 미칭美稱.   **逑** 구 배우자의 의미.

해설

「관저關雎」는 아름다운 여인에게 첫눈에 반한 젊은 사내의 모습을 담아낸 작품이다.

사내는 들판에서 풀을 뜯는 아가씨의 모습에 반해 "꿈에서도 그리워한다." 하지만 아가씨의 눈길을 받지 못한 사내는 "이리 저리 뒤척이며" 잠 못 이룬다. 사내는 마침내 거문고를 타고 종고鐘鼓를 두드려 아리따운 아가씨를 기쁘게 해 주려고 애쓴다. 사랑에 빠진 사내의 모습이 생생하게 드러난다.

「관저」는 『시경』의 첫머리에 실린 작품이다. 이 때문에 예전 해설자들은 이 작품에 지나치게 큰 의미를 부여하기도 하였다. 하지만 기실 이 작품은 순수한 사랑의 노래일 뿐이다. 징경이가 암수를 찾는 모습을 빌려 남녀의 사랑이라는 주제를 자연스럽게 담아낸 것이다. 징경이는 자기 짝에게 정절을 지키는 새다. 따라서 징경이를 변치 않는 사랑의 징표로 삼아 남녀의 순수한 사랑을 함축적으로 담아낸 것이다.

예화

사마상여와 탁문군이 첫눈에 사랑에 빠지다

한漢나라의 사마상여司馬相如는 뛰어난 부賦 작품으로 명성을 떨친 인물이다.

사마상여는 집안 형편이 어려웠지만, 눈이 높아서 나이가 들도록 마음에 드는 짝을 찾지 못했다. 그는 임공臨邛의 부호인 탁왕손卓王孫의 여식 탁문군卓文君이 꽃처럼 아름답고 재주가 뛰어나다는 소문을 듣고 은근히 연정을 품게 되었다. 하지만 사마상여는 엄청난 부호인 탁왕손이 빈털터리인 자신을 무시할 것이라는 생각에 깊은 시름에 싸였다. 그는 이런 말못할 고민을 벗인 임공령 왕길王吉에게 털어놓았다. 그러자 왕길은 사마상여를 위로했다.

"좋은 기회가 있네. 모든 것을 내게 맡기게."

마침 탁왕손은 손님들을 초대해 성대한 연회를 벌일 계획이었다. 임공의 행정장관인 왕길도 초대를 받았다. 그는 탁왕손에게 임공에 와 있는 사마상여를 연회에 참석시킨다면 연회의 체면이 서게 될 것이라고 제안했고, 탁왕손은 흔쾌히 받아들였다.

연회가 열리던 날, 연회에 참석한 사마상여는 융숭한 대접을 받았다. 탁문군은 문장가로 명성을 떨치는 사마상여가 연회에 왔다는 소식에 병풍 뒤에 숨어 몰래 훔쳐보았고, 사마상여의 준

수한 외모와 세련된 행동에 이내 큰 호감을 느꼈다. 진작부터 탁문군에게 연정을 품고 있던 사마상여도 탁문군의 아름다운 자태를 보고 더욱 마음이 흔들렸다. 그때 왕길이 녹기금綠綺琴을 들고 나와 사마상여에게 연주를 부탁했다. 이는 사마상여가 바라던 바였다.

사마상여는 「관저」에 나오는 사내처럼 거문고 소리를 빌려 흠모하는 여인의 마음을 얻게 되길 기대했다. 그는 거문고를 타면서 「봉구황鳳求凰」이라는 노래를 불렀다. 사마상여는 전반부에서는 탁문군을 향한 연정을 담아내고, 후반부에서는 자신과 함께 달아나 신선이 되자는 생각을 넌지시 전했다. 탁문군은 사마상여가 연주하는 아름다운 거문고 소리에 도취했다.

하지만 사마상여는 탁왕손이 연회에서 자신을 정중히 대하는 것은 기실 왕길의 체면 때문이라는 사실을 잘 알고 있었다. 자신의 재능과 명성은 한갓 탁왕손의 체면을 세워줄 뿐이며, 탁왕손은 내심으로는 자신을 하찮은 존재로 여기는 것이 분명했다. 때문에 자신이 탁문군에게 장가들겠다고 한대도 탁왕손은 이를 결코 받아들이지 않을 것이 자명했다. 그래서 사마상여는 거문고 연주를 통해 은근히 탁문군의 마음을 얻길 원했던 것이며, 아울러 「봉구황」의 노랫말을 빌려 탁문군에게 함께 달아나자는 뜻을 넌지시 전한 것이었다.

노랫말에 담긴 의미를 교양 없는 탁왕손은 전혀 알아차리지 못했지만 영리한 탁문군은 금세 알아차렸다. 탁문군은 사마상여의 재치, 풍모, 자신에 대한 연정에 감동하였고, 아울러 자신이 사마상여의 반려가 되려면 그의 뜻대로 함께 달아나는 수밖에 없음을 잘 알고 있었다.

사마상여를 향한 연정은 결국 탁문군에게 결단을 내리게 만들었다. 한밤중이 되자 탁문군은 몰래 사마상여의 숙소로 달려갔다. 그리고 날이 새기도 전에 두 사람은 임공을 떠나 사마상여의 고향인 성도成都로 떠났다.

사마상여와 탁문군의 사랑 이야기는 마치 한 편의 드라마와도 같다. 두 사람이 서로 사랑에 빠지는 장면은 「관저」의 내용과도 그 맥락을 같이한다. 사마상여와 탁문군은 결혼해 한동안 금슬 좋은 부부로 지냈다. 사마상여는 늘 「관저」에 나오는 사내처럼 탁문군을 위해 거문고를 탔고, 탁문군은 행복해 했다.

02. 한수는 하도 넓어서

한수는 하도 넓어서
헤엄쳐선 못 건너지
흐르는 강물 길어서
에둘러 가긴 틀렸네

漢之廣矣한지광의, 不可泳思불가영사;
江之永矣강지영의, 不可方思불가방사.

「주남周南 한광漢廣」

풀이

漢한 강이름. 한수漢水.
思사 어조사.
泳영 헤엄침. 일설에는 잠수潛水라고도 함.
永영 길게 흘러감.
方방 에둘러 감. 배를 타고 강을 건넘이라고도 함.

해설

「한광漢廣」은 절망적인 사랑을 노래한 작품이다.

"한수는 하도 넓어서, 헤엄쳐선 못 건너지. 흐르는 강물 길어서, 에둘러 가긴 틀렸네."라는 젊은 나무꾼의 노래로 보아 그는 사랑하는 아가씨와의 사이에 쉽게 넘을 수 없는 장애물이 있는 것으로 보인다. 그것은 아마도 신분이나 지위의 차이 같은 심각한 외부적 장애일 것이다.

「한광」은 모두 3장으로 구성되었는데, 여기에 소개한 절망적인 구절은 각 장의 뒷부분에서 한 글자도 바뀌지 않고 그대로 반복된다.

예화

한빙 부부가 죽어서 부부의 인연을 되찾다

중국 전국시대戰國時代에 송宋나라 강왕康王에게 한빙韓憑이라는 사인舍人이 있었다.

한빙은 하씨何氏를 아내로 맞았는데, 하씨의 미모에 마음을 빼앗긴 강왕이 하씨를 빼앗고 말았다. 한빙은 분개했지만 어쩔 도리가 없었다. 게다가 강왕은 한빙에게 이마에 문신을 새기는 형벌을 내려서 멀리 변방으로 유배시켰다.

날마다 한빙을 그리워하던 하씨는 몰래 한빙에게 편지를 보냈다. 하씨는 혹시 다른 사람이 편지를 보게 되더라도 그 내용을 알지 못하게 은밀한 표현을 사용했다.

"비는 지척지척 내리고, 강물은 깊고 넓지만, 해가 뜨면 제 마음을 비춰줄 거예요."

그런데 뜻밖에도 강왕이 이 편지를 입수하게 되었다. 강왕은 편지를 읽어보았지만, 그것이 무슨 말인지 도무지 알 수 없었다. 주변 신하들에게도 읽어보게 했지만, 편지 내용을 풀어내는 사람은 아무도 없었다. 얼마 후 소하蘇賀라는 신하가 편지 내용을 이렇게 풀어냈다.

"'비가 지척지척 내린다'는 말은 걱정하고 또 그리워한다는 뜻입니다. '강물은 깊고 넓다'는 말은 서로 오가며 얼굴을 볼 수 없다는 뜻입니다. 그리고 '해가 뜨면 제 마음을 비춰줄 것이다'라는 말은 스스로 목숨을 끊을 생각이 있다는 뜻입니다."

나중에 편지를 받아 본 한빙은 무척 애통해 하더니, 얼마 지나지 않아 스스로 목숨을 끊었다. 하씨도 진작부터 목숨을 끊으려는 생각을 품고 있었다. 그녀는 건물에서 뛰어내려 목숨을 끊을 생각이었다. 하지만 강왕이 보낸 사람이 항상 곁에서 지키는 터라 도저히 기회를 잡을 수 없었다. 하씨는 남몰래 자기 옷을 삭게 만들어 놓고 호시탐탐 기회를 노렸다.

하루는 강왕이 하씨를 데리고 높은 누각에 올라갔다. 주변 경치를 구경하느라 사람들의 관심이 흩어진 틈에 하씨는 재빨리 누각에서 몸을 내던졌다. 곁에 있던 사람들이 깜짝 놀라 하씨의 옷깃을 붙잡았지만 그녀가 입은 옷은 이미 심하게 삭아 있어서 맥없이 찢어졌고 하씨는 누각 아래로 떨어져 죽고 말았다. 하씨의 의대衣帶에는 이런 유서가 적혀 있었다.

"대왕께서는 제가 살기를 바라시지만, 저는 차라리 죽으렵니다. 저의 시신을 한빙과 합장해 주세요."

유서를 본 강왕은 화가 머리끝까지 치밀었다. 강왕은 한빙에게서 하씨를 빼앗으면서 이런 생각을 하였다.

'나는 임금이고 한빙은 일개 하찮은 인물일 뿐이다. 신분의 차이는 하늘과 땅과 같다. 하씨가 지금은 저렇게 죽네 사네 하지만 호의호식하면서 시간이 지나다 보면 나와 함께 행복을 누릴 수 있다는 것을 분명히 깨닫게 될 것이다.'

하지만 그녀는 뜻밖에도 죽는 순간까지도 한빙을 마음에 담고 있었던 것이다. 강왕은 한빙 부부의 무덤이 서로 마주보게 매장했다. 강왕은 자신의 발상에 매우 만족했다. 그리고 이렇게 공언했다.

"너희 부부가 죽어서도 서로 사랑해 두 무덤이 하나로 합쳐진다면 그때는 더 이상 두 사람을 방해하지 않겠다."

강왕은 이렇게 함으로써 한빙과 하씨의 혼백이 저승에 가서도 편히 지내지 못하게 할 생각이었다.

그런데 뜻밖의 기적이 일어났다. 얼마 후부터 가래나무 두 그루가 양쪽 무덤가에서 자라더니 불과 열흘 남짓 지나자 아름드리 나무로 성장했다. 두 나무는 가지가 서로를 향해 굽으면서 맞닿았고, 뿌리는 땅속에서 서로 엉켰다. 또 어디선가 원앙새 한 쌍이 날아와 둥지를 틀더니 잠시도 떠나지 않고 애절하게 울어댔다.

한빙과 하씨를 동정한 송나라 사람들은 이 나무를 '상사수相思樹'라고 불렀다. 지금 우리가 사용하는 '상사相思'라는 말은 바로 여기서 비롯된 것이다. 「한광」에서 젊은 나무꾼의 꿈을 가로막은 것은 아가씨와의 신분차이 때문이었고, 한빙 부부가 서로 사랑하면서도 함께할 수 없었던 것은 강왕의 욕심 때문이었다. 하지만 사랑은 외부의 힘에 의해 저지당하지 않는다. 「한광」의 젊은 나무꾼은 자신의 사랑이 결실을 맺지 못할 것임을 알았지만 사랑의 불꽃을 꺼버릴 수는 없었다. 한빙 부부는 살아서는 강왕에게 저항할 수 없었지만 죽어서는 함께할 수 있었다. 세상 그 무엇도 사랑하는 사람을 갈라놓을 수는 없는 것이다.

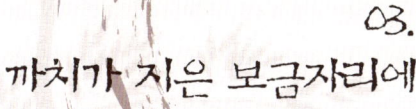

03. 까치가 지은 보금자리에

까치가 지은 보금자리에
비둘기가 들어가 살려 하네
우리 아씨 시집가니
백량의 수레로 맞이하네

維鵲有巢유작유소, 維鳩居之유구거지.
之子于歸지자우귀, 百兩御之백량어지.

「소남召南 작소鵲巢」

풀이

維유 어조사.
兩량 '량輛'과 같음. 수레를 세는 단위.
御어 맞이함.
鳩구 비둘기.

해설

「작소鵲巢」는 새신부가 화목하고 건강하게 살아가기를 기원하는 작품이다.

"백량의 수레로 맞이하네"라는 표현은 사실적 묘사라기보다는 결혼식의 성대한 모습과 뜨거운 분위기를 과장의 수법으로 담아낸 말로, 옛시에서는 흔히 사용된 수법이다.

이 작품에서는 비둘기가 까치둥지를 차지하는 현상을 빌려 친정을 떠나 새로운 가정을 꾸미는 신부의 모습을 상징적으로 담아냈다. "까치가 지은 보금자리를 비둘기가 차지한다"는 옛 속담은 본래 이 구절에서 유래된 것이다. 하지만 의미에 있어서는 본래의 의미와는 크게 달라졌다. 옛사람들은 비둘기가 까치둥지를 차지하는 것을 자연스러운 현상으로 여겼지만, 지금은 남이 노력한 결과를 억지로 빼앗는 행위를 비유하는 말로 사용된다.

예화

조강지처를 버린 진세미가 죄과를 치르다

북송北宋시대에 하남河南 지방의 진가장陳家莊에 진세미陳世美와 진향련秦香蓮 부부가 살고 있었다. 부부는 부모님을 모시고 두 딸과 함께 살았다. 비록 살림살이는 넉넉하지 못했지만 오순도순 행복하게 지냈다.

진세미는 어려서부터 시서詩書를 공부한 지식인이었다. 그는 세상 경륜을 쌓고 나면 과거시험을 보아 관리로 입신하겠다는 일념을 품고 있었다. 때문에 집안 살림은 모두 아내 진향련의 몫이었다. 진향련은 부모님을 극진히 섬기는 착한 며느리이자, 두 딸을 잘 보살피는 좋은 어머니였다. 시부모는 이처럼 훌륭한 며느리를 늘 자랑스럽게 여겼다. 진세미도 마음씨 착한 아내의 내조를 늘 고맙게 여겼다.

과거시험이 열리던 해에 진세미는 부모님과 아내 그리고 두 딸과 작별하고 도성을 찾았다. 하늘은 뜻이 있는 사람을 외면하지 않는 법이라고 했던가? 진세미는 과거시험에서 당당히 장원급제하였다.

장원급제를 하자 진세미의 신분은 하루아침에 달라졌다. 신분이 달라지자 진세미는 마음가짐도 달라졌다. 특히 황제의 부름을 받게 되면서 이런 마음은 한층 더해졌다. 황제는 재능이 뛰어난 진세미가 마음에 들었고, 마침내 그를 부마로 삼고 싶다는 생각을 갖게 되었다. 진세미도 부마가 되려는 욕심에 어려서 부모님을 여의고 어렵게 공부했으며 아직 결혼도 하지 않았다고 거짓말을 하고 말았다. 그는 결국 황제를 속이고 순조롭게 부마의 자리에 오르게 되었다.

진세미는 화려한 저택에서 산해진미를 먹고 비단옷을 입으며 시녀들의 시중을 받는 꿈같은 생활을 하게 되자 머릿속에서 부모와 처자식에 대한 기억은 완전히 지워지고 말았다.

한편, 고향집에서는 몇 년이 지나도록 진세미로부터 아무런 소식이 없자 부모는 근심걱정으로 날을 보냈고, 두 딸은 울면서 아버지를 찾았다. 진향련도 남편이 하루빨리 돌아오기만을 학수고대했다. 하지만 진세미에게 있어서 부모는 일찌감치 죽은 영혼이 되었고, 아내와 딸은 애당초 세상에 없는 존재가 되어 버렸다는 사실을 알 턱이 없었다.

그 후 하남 지방에서는 두 해에 걸쳐 큰 가뭄이 잇따랐다. 진세미의 부모도 세상을 떠났다. 시부모의 장례를 치르고서야 진향련은 비로소 진세미가 도성에서 고관이 되었다는 소식을 듣게 되었다. 고향에서는 더 이상 생계를 꾸려 나갈 도리가 없게 된 진향련은 두 딸을 데리고 머나먼 도성으로 남편을 찾아 나섰다.

진향련은 천신만고 끝에 도성에 도착해 남편의 행방을 수소문하여 그가 부마가 되었다는 사실을 알게 되었다. 진향련은 심장을 칼로 도려내는 것 같은 아픔을 느꼈다. 하지만 도성에는 자신이 의지할 사람이라고는 남편 이외에는 아무도 없었다. 진향련은 진세미를 찾아가 의지하는 수밖에 없었다. 부마의 관저를 찾아가자 사나운 문지기가 진향련 모녀를 맞았다. 문지기는 남루한 차림새의 진향련이 부마를 자기 남편이라고 주장하자, 관리의 친척을 빙자하는 것으로 여기고 갖은 욕설과 매질을 하여 쫓아버렸다.

마침 관저를 나서던 진세미가 진향련 모녀와 맞닥뜨렸다. 진세미를 본 진향련은 자신도 모르게 소리쳤다.

"여보! 여보!"

두 딸도 함께 소리쳤다.

"아버지! 아버지!"

처자식이 애타게 부르는 소리를 듣자 진세미도 순간 마음이 뭉클해졌다. 하지만 그는 이내 냉정을 되찾았다.

'저들이 내 처자식이라는 사실을 공주가 알게 된다면? 지금 내가 누리는 부귀와 권세도 일순간에 물거품이 될 것이 아닌가?'

진세미는 생각이 이에 미치자 아내와 두 딸이 눈엣가시처럼 여겨졌다. 진세미는 문지기를 매섭게 꾸짖었다.

"어째서 미치광이 여편네가 부마의 관저에서 소란을 부리게 한단 말이냐? 냉큼 쫓아내지 못할까!"

순간 진향련은 정신이 아득해졌다. 문지기의 방망이질에 온몸을 얻어맞으면서도 조금도 고통이 느껴지지 않았다. 오직 죽어야겠다는 일념뿐이었다. 하지만 어린 두 딸을 보는 순간 어떻게든 살아야 한다는 생각이 들었다.

마침내 진향련은 기필코 진실을 세상에 알려야겠다는 결심을 했다. 하지만 누가 감히 부마의 비밀을 들추려 하겠는가? 진향련이 마땅한 방법을 찾지 못하고 있을 때, 마음씨 좋은 어떤 사람이 은밀히 해결책을 일러주었다.

"그토록 억울한 일이 있다면 개봉부開封府의 포청천包靑天을 찾아가시오. 그라면 해결할 수 있을 것이오."

'포청천'은 포증包拯을 가리킨다. 포증은 엄격하고 공정하게 법을 집행한 인물로, 어떤 세도가도 두려워하지 않았다. 포증은 공주의 온갖 압력과 회유에도 굴하지 않고 마침내 양심을 저버리고 임금을 기만한 진세미를 법에 따라 다스렸다.

진세미는 자신의 죄과를 치르게 되었지만 공주도 사건의 진실을 밝히는 과정에서 조역을 맡게 되었다. 공주는 애당초 이런 사실을 전혀 모르고 있었다. 그런데 진향련의 억울한 사정을 알고서는 진실을 밝히려 하기보다 진세미의 잘못을 숨기기에 급급했다. 결국 공주도 추악한 행위에 동참하게 된 것이었다.

"까치가 지은 보금자리에 비둘기가 들어가 사는"식의 이 이야기는 역사에 기록되어 오랜 세월 동안 사람들의 비난을 받아 왔다.

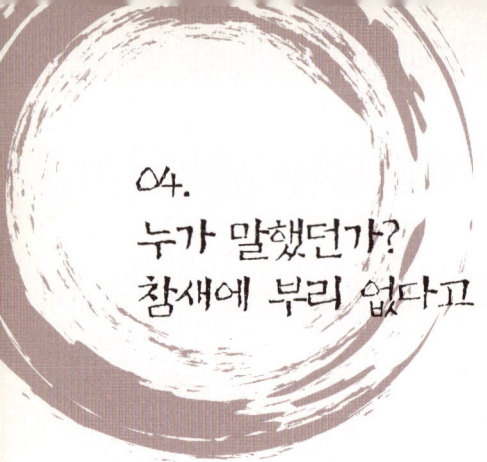

04.
누가 말했던가? 참새에 부리 없다고

누가 말했던가? 참새에 부리 없다고
무슨 방법으로 우리 지붕 뚫었다더냐?
누가 말했던가? 그대에게 집 없다고
무엇 때문에 날 불러 감옥에 보내는가?
날 아무리 가두어 두더라도
시집갈 생각 추호도 없나니

誰謂雀無角수위작무각, 何以穿我屋하이천아옥?
誰謂女無家수위여무가, 何以速我獄하이속아옥?
雖速我獄수속아옥, 室家不足실가부족.

「소남召南 행로行露」

풀이

角각 새의 부리.
女여 '여汝'와 같음. 2인칭 대명사. 당신.
速속 초치함. 불러옴. **室家**실가 아내로 삼음.

해설

「행로行露」는 권세 있는 사내가 한 여인을 능욕하는 내용을 담은 작품으로, 그 내용은 다음과 같다.

한 부자 사내가 자기 위세를 믿고 남을 속인다. 아마도 권세를 쥐고 있는 나이 든 사내로 보인다. 그는 이미 아내가 있으면서도 가난한 집 딸을 또 아내로 맞이하려고 한다. 하지만 그는 완강한 거부에 부딪힌다. 그러자 사내는 가난한 집 딸에게 순순히 따르지 않으면 옥에 가두겠다고 협박한다. 하지만 심지 굳은 여인은 설령 옥에 갇히는 한이 있더라도 사내의 무리한 요구에 따르지 않겠다고 맞선다. 여인은 부자를 참새와 쥐에 비유하면서 권세에 대한 멸시를 내비친다. 여기에 인용된 시구는 「행로」의 핵심적 내용을 잘 보여주는 부분이다.

예화

조원해의 아내가 반군에 맞서 존엄을 지키다

수隋나라 말기에 조원해趙元楷라는 인물이 있었다. 그는 부친이 수나라 왕조에서 고관을 지낸 명문가의 인물로, 당시 명문세족이던 청하淸河 최씨崔氏의 여인을 아내로 맞아 단란한 가정을 꾸리고 살아갔다.

어느 날 권력을 쥐고 있던 우문화宇文化가 반란을 일으켰다. 우문화는 황제인 양제煬帝를 죽이고 자신이 황제의 자리에 오를 생각이었다. 하지만 그는 전국을 통제할 수 있는 능력을 갖추지 못했기 때문에 반란은 실패로 돌아갔을 뿐 아니라 온 천하를 난리로 몰아넣고 말았다. 중원中原은 도탄에 빠졌고, 왕공과 귀족들도 화난을 피할 수 없었다. 조원해는 전란을 피해 아내 최씨와 함께 피란민들을 따라 황하 북쪽으로 달아났다. 기회를 보아 다시 도성 장안長安으로 돌아올 셈이었다. 그런데 하북河北의 부구도滏口道라는 곳에 이르렀을 때, 반군과 마주치고 말았다. 반군은 피란민의 행렬을 공격해 재물을 빼앗고 여인들을 욕보였다. 조원해는 간신히 화를 피해 달아났지만, 아내 최씨는 반군에게 사로잡히고 말았다.

반군들은 용모가 아름다운 최씨를 차마 죽이지 못했다. 반군의 한 두목이 최씨에게 말했다.

"내 첩이 된다면 목숨은 살려줄 것이다."

최씨는 구차하게 반군에게 목숨을 구걸하고 싶지 않았다.

"나는 사대부 집안의 여인이오. 내 남편은 복야의 벼슬을 지낸 분의 아들이오. 당신들은 이 나라와 내 가정을 파탄시켰소. 죽을지언정 반역자의 아내가 될 수는 없소."

최씨의 말에 격분한 반군은 최씨의 옷을 벗겼다. 최씨는 완강히 저항했지만 이리 같은 사내들을 감당하지는 못했다. 반군들이 최씨의 옷을 발가벗기자 반군의 장수는 그녀를 자리에 눕히고 욕보이려 했다. 최씨는 이대로 당할 수만은 없었다. 최씨는 순간적으로 기지를 발휘해 반군의 장수에게 이렇게 말했다.

"지금 내겐 저항할 아무런 힘도 없소. 그러니 먼저 포박을 풀어주시오. 그러면 순순히 당신 뜻에 따르겠소."

반군은 최씨의 말에 포박을 풀어주었고, 최씨는 옷을 다시 입었다. 최씨는 반군들이 잠시 한눈을 파는 사이에 반군의 칼을 낚아채고 사납게 꾸짖었다.

"죽더라도 네 놈들에게 순종하지는 않을 것이다. 죽고 싶으면 누구든지 앞으로 나서라."

반군들은 격분했다. 하지만 분노에 가득 찬 최씨의 두 눈과 그녀의 손에 들린 시퍼런 칼을 보고 아무도 나서지 못했다. 반군들은 최씨에게 화살을 쏘았고, 최씨는 그 자리에서 죽었다.

조원해는 아내가 처참하게 죽었다는 소식에 몹시 슬퍼했다. 훗날 난리가 평정되자 조원해는 아내를 죽인 자들을 색출해 원수를 갚았다.

이는 『수서隋書』의 「조원해처전趙元楷妻傳」에 실려 있는 이야기다. 짧은 기록이지만 최씨의 절개가 잘 드러난다. 「행로」에 나오는 여인 또한 감옥에 갇힐지라도 권세에 굴복하지 않는 지조를 보여준다. 그리고 최씨는 자신의 존엄을 위해 기꺼이 목숨을 버렸다. 「행로」를 「모시서毛詩序」에서의 풀이처럼 '정신지교貞信之敎'와 연관 짓거나 '부인지덕婦人之德'에 귀납시킬 필요는 없다. 「행로」와 「조원해처전」을 함께 읽노라면 인간의 존엄성과 인성人性의 고귀함에 대해 많은 것을 느끼게 된다.

05. 유유자적 여유롭게

염소 가죽 갖옷에
흰 실로 다섯 줄
유유자적 여유롭게
나랏일 마치고 배불리 먹었네

羔羊之縫고양지봉, 素絲五總소사오총.
委蛇委蛇위사위사, 退食自公퇴식자공.

「소남召南 고양羔羊」

> 풀이

縫봉 꿰매 만든 옷.　　　　　**總**총 꿰맴.
委蛇위사 여유롭게 나아가는 모양.
退食自公퇴식자공 조정에서 집으로 돌아와 밥을 먹음.

해설

「고양羔羊」은 관리의 청렴함을 칭송한 작품이다.

작품에 나오는 관리들은 마음에 부끄러움이 없기에 여유로울 수 있다. "천천히 여유로운 발걸음으로"라는 구절은 관리들의 이런 모습을 생생하게 보여주는 장면으로, 이는 두 가지 사실을 일러준다. 첫째, 관리들이 수레나 말을 타지 않고 집으로 돌아가는 것은 그들이 매우 청렴하다는 사실을 보여준다. 둘째, 그들의 여유로운 발걸음은 사심이 없는 편안한 속내를 드러내는 것이다. 이처럼 작자는 겉으로 드러나는 모습을 통해 내면세계를 묘사했는데, 섬세한 관찰력이 돋보인다.

이 작품에 대해 오늘날 일부 학자들은 색다른 해석을 내놓기도 한다. 그들은 이것이 반어적 표현으로 통치자를 조소한 작품이라고 주장한다. 역시 참고할 만한 견해다.

예화

사마광이 벼슬길에서 청렴함으로 이름을 떨치다

사마광司馬光은 북송北宋 때의 인물이다. 그는 20세에 처음 진사에 올랐고, 뛰어난 정치적 업적을 쌓아 지방 관리에서 중앙 관리로 발탁되었으며, 철종哲宗 때에는 재상에 올랐다.

사마광이 어린 시절에 물동이를 깨뜨려 친구를 구한 일화는 널리 알려져 있다. 하지만 그가 관직 생활을 하면서 왕안석王安石의 변법變法에 반대한 사실에 대한 역사가들의 평가는 높지 못하다. 그러나 벼슬아치로서의 덕망만을 논한다면, 그는 분명 청렴결백한 인물이었다.

사마광은 충성스럽고 선량한 인물은 발탁하고 간악한 인물에 대해서는 매서운 비판을 잊지 않았다. 그는 왕증王曾, 장지백張知白, 노종직魯宗直 같은 청백리는 최선을 다해 추천한 반면 탐관오리들에 대해서는 보복을 두려워 않고 과감하게 비리를 폭로했다. 한 예를 들어 사마광은 직권을 남용하고 선량한 인물을 핍박하던 임수충任守忠의 죄상을 폭로해 면직시켰는데, 이 일은 당시 사람들의 속을 후련하게 만들었다. 사마광은 관료사회를 물처럼 투명하게 만들었고, 조야朝野에 널리 명성을 떨쳤다.

사마광은 백성들의 고충을 안타깝게 여긴 인물이었다. 한번은 허주許州에 대기근이 일자 황제에게 즉각 구휼미를 풀도록 청원하고, 각 고을에서도 곳간을 열어 곡식을 풀게 하였다. 한편 그는 지방 관리들이 명령을 제대로 수행하지 않을까 염려해 별도로 사람을 보내 이를 감찰케 하였다. 그리하여 진대賑貸에 공을 세운 관리에게는 후한 상을 내리고 장난질을 한 관리는 엄중 문책하였다. 이런 노력 덕분에 구휼조치는 효과적으로 시행되었고, 재난을 입은 백성들은 무사히 살아갈 수 있었다.

사마광의 청렴함은 상상을 초월할 정도였다. 그는 수십 년 동안 고위 관직에 있었지만, 재산이라고는 약간의 척박한 밭이 전부였다. 그는 봉급 이외에는 단 한 푼도 챙기는 법이 없었다. 황제의 하사품조차도 고사했다. 그것은 하사품이 자신에게 과분하다고 여겼기 때문이었다. 부득이한 경우에는 간원諫院의 공금으로 충당하거나, 경제적으로 어려운 친척이나 벗을 돕는 데 사용했다.

사마광은 아내가 세상을 떠나자 집안에 재물이 없어서 부득이 밭을 팔아 장사를 지냈다. 그럼에도 사마광은 어려움에 빠진 사람을 보면 최선을 다해 도왔다. 방적龐籍이라는 사람이 어린 아들과 홀어머니를 남겨놓고 세상을 떠나자 사마광은 자신의 집안 형편은 아랑곳하지 않고 방적이 남긴 가족들을 자기 집으로 불러 가족처럼 보살폈다.

사마광은 무척 검소하게 생활했다. 언젠가 한 친구가 50만

전을 주고 계집종을 사서 사마광에게 보냈다. 하지만 사마광은 즉각 답장을 보내 거절했다.

"나는 수십 년 동안 고기를 먹지 않았다네. 또 비단옷 대신에 갈옷이나 광목옷을 입었다네. 그러니 어찌 50만 전이나 주고 산 계집종의 시중을 받겠는가?"

사마광이 왕안석과의 정치적 견해 차이 때문에 중앙 조정에서 밀려났을 때 함께 쫓겨난 사람들은 대부분 화려한 새집을 짓고 살았지만 사마광은 초가집에서 생활했다. 게다가 집은 또 어찌나 낡았는지 겨울에는 얼음장에 앉아 있는 것 같았고 여름에는 찜통처럼 더웠다. 사마광은 하는 수 없이 집안에 깊은 구덩이를 파고 거기에 들어가 추위와 더위를 피했다. 당시 왕선휘 王宣徽라는 자는 사마광과 명확한 대조를 보였다. 그의 누대樓 臺는 구름까지 우뚝 솟아 있었다. 때문에 당시에 이런 말이 떠돌았다.

"왕씨는 하늘을 찌르고, 사마씨는 땅속에 들어갔다."

탐관오리들이 교묘한 방법으로 재물을 챙긴 것은 호화로운 생활을 하기 위한 것 이외에 또 한 가지 중요한 이유가 있었다. 바로 자손을 위한 것이었다. 하지만 사마광은 달랐다. 그는 자신이 검소하게 살았을 뿐 아니라 자식들에게도 교만, 사치, 안일을 멀리하라고 훈계했다. 당시 장문절張文節이라는 청백리가 있었는데, 그는 이런 말을 남겼다.

"검소한 데서 사치해지기는 쉽지만, 사치한 데서 검소해지기는 어렵다."

사마광은 이 말을 침이 마르게 칭찬하면서, 이를 계자서誡子書에 써넣고, 자식들에게 이렇게 훈계했다.

"덕이 있다는 것은 모두 검소함에서 비롯된다. 검소함이란 욕심이 적은 것이다. 군자는 욕심을 줄이면 물질에 구속되지 않고, 소인은 욕심을 줄이면 몸가짐을 삼가고 쓰임을 줄여 죄를 짓는 것을 멀리하고 집안을 풍요롭게 만든다. 하지만 사치하면 욕심이 많아진다. 군자가 욕심이 많으면 부귀함을 탐내고, 바른 도리를 멀리하여 화를 재촉한다. 소인이 욕심이 많으면 바라는 것이 많아지고 함부로 사용하여 가문을 망치고 자신을 해친다."

사마광의 가르침으로 아들 역시 청렴함으로 세상에 이름을 떨쳤다.

사마광은 왕선휘 같은 탐관오리처럼 모피옷을 입고 좋은 말을 타지는 못했지만, 마음은 무척 평화로웠다. "유유자적 여유롭게 나랏일 마치고 배불리 먹었네."라는 말은 바로 이런 사실을 절묘하게 묘사한 것이다.

06.
내 마음 돌이 아니어서

내 마음 돌이 아니어서
구를 수가 없네요
내 마음 돗자리 아니어서
말 수가 없네요
존엄이 유유하고 당당하니
굽힐 수가 없네요

我心匪石아심비석, 不可轉也불가전야.
我心匪席아심비석, 不可卷也불가권야.
威儀棣棣위의체체, 不可選也불가선야.

「패풍 邶風 백주 柏舟」

풀이

匪비 '비非'와 같음.　　　　**威儀**위의 존엄의 뜻.
棣棣체체 여유롭고 당당한 모양.
選선 '손巽'과 같음. 굴복하고 물러남.

해설

「백주柏舟」는 사람들의 기만과 조소에도 자신의 존엄을 지키려고 애쓰는 여인의 모습을 담은 작품이다.

작품의 첫 머리에서 여인은 마치 강물에 흔들리는 나룻배처럼 산란한 마음에 잠들지 못한다. 여인은 심한 압박감 때문에 형제들에게 도움을 청하지만, 형제들은 자신에게 화가 미칠까 염려해 도와주지 않는다. 여인은 모든 것을 혼자서 감당해야 하는 상황에 놓인다. 하지만 여인은 이런 곤경에서도 의지를 내보인다. 여인은 자신을 속이고 능멸하는 것에 저항하지는 못하지만 자신의 존엄성을 지켜낸다. 여인의 굳은 의지가 잘 드러나는 작품이다.

예화

엄예가 기생 신세가 되어서도 자신의 존엄을 지키다

남송南宋 때에 엄예嚴蕊라는 여인이 있었다. 그녀는 부득이한 사정으로 청루靑樓의 기생 신세가 되었지만 헤픈 웃음을 파는 여느 기생들과는 달리 자신의 존엄성을 지킬 줄 아는 여인이었다. 때문에 사람들은 그녀를 함부로 업신여기지 못했다.

엄예는 문학적 재능이 뛰어났는데, 특히 사詞에 출중했다. 한번은 칠석날 열린 연회에서 사사경謝士卿이라는 자가 엄예에게 사를 짓게 하였다. 엄예는 자신의 성씨로 운韻을 뗐는데, 술이 한 순배 돌자 「작교선鵲橋仙」이라는 작품을 만들었다. 엄사경은 감탄을 금치 못했고, 이후 그곳에서 반년을 눌러 지내면서 가지고 있던 재물을 탕진했다.

나중에 엄예는 태주台州의 관기官妓가 되었다. 당시 태수인 당중우唐仲友는 재능 있는 사람을 아끼는 인물이었다. 그는 보통 기녀들과는 자질이 사뭇 다르고 사의 창작에도 뛰어난 엄예를 눈여겨보았다. 한번은 엄예에게 홍백紅白의 복사꽃을 소재로 사를 짓게 했는데, 엄예는 금세 청신한 내용을 담은 「여몽령如夢令」을 완성했다. 그러자 당중우는 무척 흡족해 했다. 엄예와 당중우는 비록 신분은 하늘과 땅처럼 달랐지만 차츰 서로를 아끼는 마음을 갖게 되었다. 당중우는 연회를 벌일 적이면 항상 엄예를 곁에 앉혔다. 엄예는 곁에 앉아 언행을 단아하게 하면서 거문고를 타거나 사를 지었다.

훗날 남송의 대학자 주희朱熹가 절동浙東 지방의 제거提擧를 맡게 되었다. 당시 주희는 도덕과 문장으로 알려져 세상 사람들의 칭송이 자자했다. 그런 그가 당중우에게는 사사로운 원한이 있었다. 주희는 당중우에게 반드시 앙갚음을 할 생각이었지만 마땅한 기회를 얻지 못하고 있었다. 그런데 주희는 당중우와 엄예의 관계가 예사롭지 않다는 사실을 알고 드디어 기회가 왔다는 생각이 들었다.

남송 때는 명교名敎의 영향으로 관리들에 대한 구속이 많았다. 명교란 유가가 정한 명분과 교훈을 준칙으로 하는 도덕관념을 말한다. 따라서 관리와 관기 사이에 사사로운 관계를 맺는 것은 허용되지 않았다. 당시 주희는 당중우와 엄예가 부적절한 관계를 맺고 있다고 여겼을 수도 있고, 그렇지 않다면 단지 당중우를 엮어들일 구실을 찾았던 것일 수도 있다. 아무튼 엄예는 두 사람의 해묵은 감정싸움의 희생물이 되고 말았다.

주희는 엄예를 잡아들여 고문하면서 당중우와의 부적절한 관계를 실토하라고 요구했다. 하지만 엄예는 개인적인 관계를 완강히 부인했다. 주희는 두 달 동안이나 엄예를 옥에 가두고 끊임없이 심문을 했지만 엄예는 살아남기 위해 양심을 팔지는 않았다.

어느덧 주희는 임기가 만료되어 떠나고, 악상료岳商聊가 후임으로 부임했다. 악상료 역시 이런 사실을 알고 다시 엄예를 심문했다. 하지만 그는 일개 여인인 엄예가 모진 고문으로 육신이 망가지면서도 자신의 벗을 팔지 않는 사실에 깊은 연민을 느꼈다. 그는 엄예가 문학적 재능이 뛰어나다는 사실을 알고 작품을 지어 자신의 심정을 표현하게 하였다. 엄예는 「복산자卜算子」를 지어 자신이 화류계에 들어선 것은 운명의 장난 때문이며, 운명은 너무도 가혹해 자신의 모든 기력을 빼앗아 버렸으니, 이제라도 기녀 생활을 접고 양인에게 시집가고 싶다는 뜻을 담아냈다. 악상료는 작품을 보고는 즉시 엄예의 청을 들어주었다.

엄예는 사회의 밑바닥까지 떨어졌지만, 「백주」에 나오는 여인처럼 모욕을 당하지 않고, 권력자들의 압력에도 자신의 존엄을 지켰다. 엄예는 천년도 넘는 세월 동안 사람들의 존경을 받아 왔다.

07.
시름 쌓여 태산인데

시름 쌓여 태산인데
뭇 것들에 상처받아
병들어 몸마저 아픈데
업신여김 또 무엇인가

憂心悄悄우심초초, 慍于群小온우군소.
覯閔旣多구민기다, 受侮不少수모불소.

「패풍 邶風 백주 柏舟」

풀이

悄悄초초 근심함.   **慍**온 죄를 얻음.
群小군소 허다한 소인.
覯구 '구遘'와 통함. 조우遭遇의 의미.
閔민 질병과 우환. 여기서는 상심한 일을 가리킴.

해설

이는 「백주柏舟」의 일부분으로, 소인들이 뒷전에서 헐뜯어 마치 가시방석에 앉아 있는 것 같은 삶의 느낌을 담고 있다.

작자는 소인을 자극하지 않으려 애쓰지만 소인의 미움을 사는 순간 가차없는 공격을 받게 되어 잠시도 편히 지낼 수 없고, 자신의 결백을 밝힐 수도 없게 되는 인생의 경험을 생생하게 담아냈다.

예화

양계성이 소인배에 맞서 절의를 지키다

양계성楊繼盛은 명나라 때의 인물이다. 성품이 강직하고 바른 말을 잘했던 그는 늘 권력자에게 미움을 샀다. 조정의 권신들 가운데서도 나라와 백성에게 해를 끼치는 재상 엄숭嚴嵩은 그를 가장 가슴 아프게 하는 존재였다.

양계성은 병부兵部의 무선사武選司를 맡은 지 한 달 만에 세종世宗에게 엄숭을 탄핵하는 상소를 올렸다. 양계성은 조정 내부의 적인 엄숭을 제거해야만 외부의 적을 제거할 수 있다고 지적하고, 아울러 엄숭의 죄상 열 가지를 열거하면서, 유왕裕王과 경왕景王을 불러들여 사실을 확인하라고 건의했다.

이를 알게 된 엄숭은 대경실색했다. 그는 군신 사이를 이간질한 죄를 묻겠다며 양계성을 붙잡아 옥에 가두었다. 양계성은 곤장 1백 대의 형을 받게 되었다. 곤장을 맞기에 앞서 누군가 그에게 뱀의 쓸개를 건네면서 통증을 덜어준다고 하였다. 하지만 양계성은 이를 한사코 사양했다.

"내게도 쓸개가 있거늘 뱀의 쓸개로 무얼 하겠소?"

곤장을 얻어맞은 양계성은 다시 감옥에 갇혔다. 피부는 온통 물러 터졌고, 통증 때문에 잠을 이룰 수가 없었다. 그는 사발을 깨뜨려 사발 조각으로 문드러진 피부를 긁어냈다. 곁에서 등불을 비춰주던 옥졸은 이런 모습에 구역질을 했지만 양계성은 너무도 태연했다.

세종은 형부에서 양계성을 심문하게 하였다. 형부시랑 왕학익王學益은 엄숭과 한패였다. 그는 엄숭의 사주를 받고 양계성에게 죄목을 더해 죽일 생각이었다. 낭중 사조빈史朝賓이 양계성을 동정해 왕학익의 무리한 판결을 저지했다. 그러자 엄숭은 분노해 사조빈을 조정에서 내쫓았다. 일이 이렇게 되자 형부상서 하오何鰲는 버티지 못하고 엄숭의 뜻대로 양계성에게 사형을 선고했다. 다행히 세종은 양계성을 죽이려 하지는 않았다. 때문에 양계성은 일단 목숨은 보전할 수 있었다.

양계성은 옥에서 3년을 보냈다. 그동안 많은 사람들이 그를 구하려고 애를 썼다. 이런 상황이 벌어지자 엄숭의 패거리들은 염려한 나머지 엄숭에게 이렇게 권했다.

"호랑이를 기르는 사람을 본 적이 있으십니까? 결국 자신에게 화를 부릅니다."

엄숭은 그들의 의도를 명확히 깨닫고 양계성을 제거하기로 결심했다. 마침 그 무렵에 도어사 장경張經과 이천총李天寵이 사형을 선고받았다. 엄숭은 세종이 장경과 이천총을 기필코 없애려 한다는 사실을 알고 양계성을 그들과 연계시켜 세종의 윤허를 받아냈다. 양계성의 아내가 이를 알고 남편의 억울함을 상소했지만 엄숭은 중간에서 상소문을 가로채 없애 버렸다.

1555년 10월 1일, 양계성은 북경의 서시西市에서 참수되었고, 시신은 거리에 버려졌다. 당시 그의 나이 마흔이었다. 사형 집행을 앞두고도 양계성은 전혀 두려워하는 기색이 없었다.

양계성이 죽임을 당한 직접적 원인은 그가 엄숭의 패거리와 같은 "소인들에게 미움을 샀기" 때문이다. 엄숭과 같은 무리는 한 시절 뜻을 이룰 수는 있었지만, 역사에 영원토록 부끄러운 모습을 남겼다. 양계성의 의연한 행적은 수백 년이 지난 지금도 사람들에게 감동을 준다.

08. 따스한 바람 남쪽에서 불어와

따스한 바람 남쪽에서 불어와
저 어린 대추 싹을 어루만지네
대추 싹은 푸르고 푸르니
내 어머니 정말 고생하셨네

凱風自南개풍자남, 吹彼棘心취피극심.
棘心夭夭극심요요, 母氏劬勞모씨구로.

「패풍邶風 개풍凱風」

풀이

凱風개풍 남풍.
夭夭요요 나뭇가지가 구부정한 모양.
劬勞구로 고생함.
棘心극심 대추의 싹.

해설

「개풍凱風」은 어머니를 남풍에 견주고 자신을 대추나무에 비유해 어머니의 사랑을 노래한 작품이다.

어머니의 사랑을 받으며 자식은 성장하지만, 어머니는 거꾸로 늙어 가신다. 어머니는 힘들게 자식들을 길러 주셨지만, 자식은 그런 어머니를 위로할 방법이 없다. 작자는 자책의 말투로 "내 어머니 정말 고생하셨네."라고 하지만, 이는 자식의 효심을 드러내는 대목이다.

혹자는 이 작품이 아버지에게 학대받는 어머니의 모습을 목격한 자식이 아버지에게 불만을 품지만 아버지에게 직접 대들 수 없어서 지은 것으로, 겉보기에는 어머니를 위로하는 것처럼 보이지만 사실은 아버지를 경계한 것이라고 한다.

예화

반안인이 어머니를 위해 벼슬을 그만두다

반안인潘安仁은 진晉나라 때의 유명한 문학가이다. 그는 효자로도 널리 알려진 인물로, 어려서 아버지를 여의고 어머니에 의지해 갖은 고생을 하며 성장했다.

반안인의 어머니는 비록 생활은 쪼들렸지만 그에게 공부를 계속하게 했고, 반안인은 그런 어머니를 위해 발분망식하고 공부에 몰두해 학우들 사이에서 항상 두각을 나타냈다. 나중에 그는 품행과 학업이 모두 뛰어나 추천을 받아 하양현령이 되었다. 늙은 어머니를 홀로 고향집에 남겨 두기를 원치 않았던 반안인은 어머니를 모시고 함께 부임했다.

어머니가 노년을 편히 지낼 수 있도록 반안인은 갖은 방법을 궁리했다. 과일과 꽃을 좋아하는 어머니를 위해 현청 밖에 있는 황무지를 개간해 직접 수십 그루에 이르는 과일나무와 백 가지가 넘는 꽃을 심었다. 해마다 봄이 되면 과일나무에는 꽃이 피었고, 화단에는 온갖 꽃들이 만발해 아름다움을 다투었다. 사람들은 하양현을 일러 '꽃의 고장'이라고 불렀다. 한가할 적이면 반안인은 어머니를 모시고 화단을 둘러보고 산책을 하면서 어머니를 즐겁게 해 드렸다.

하지만 고향땅을 떠나서 지내기란 쉬운 일이 아니었다. 하양에서의 생활이 비록 예전보다는 나아졌다고 하지만 시간이 흐르자 반안인의 어머니는 고향에 대한 그리움이 갈수록 깊어갔다. 예전에 살던 거리가 너무도 그리웠다. 향수는 점점 깊어졌고, 마침내 음식조차 들지 않게 되었다.

어머니의 향수를 덜어드리고자 반안인은 고향에서 노인 몇 분을 초대해 어머니와 말동무를 하게 했다. 어머니는 고향 사람들이 찾아오면 무척 즐거워했지만, 그들이 돌아가고 나면 이내 다시 향수에 젖어들었다. 이런 상황이 반복되자 반안인의 마음은 새까맣게 타들어갔다. 고향 사람들은 농한기에 하양현을 찾아왔다가 농번기가 되면 돌아가야 했다. 때문에 어머니는 대부분의 시간을 고향을 그리워하며 지내야 했다.

반안인은 어머니에게 중요한 것은 호의호식이 아니라 마음이 즐거운 것이라는 사실을 잘 알고 있었다. 마침내 그는 과감히 벼슬을 버리고 고향으로 돌아가기로 결심했다. 주변 사람들이 그를 만류했지만 반안인은 주저 없이 고향으로 돌아가는 길을 선택했다.

반안인은 청렴결백한 사람이었다. 그는 2년 동안이나 벼슬살이를 했지만 단 한 푼도 부정한 방법으로 재물을 모으지 않았다. 고향으로 돌아간 그는 어머니를 좀 더 잘 모시고자 힘든 육체노동도 마다하지 않았다. 그는 집 동쪽에 넓은 밭을 일구고 갖가지 채소를 심었다. 날마다 직접 물을 길어다 밭에 물을 대고 김을 매고 비료를 주었다. 채소가 자라면 그것을 뜯어 시장에 내다 팔았다. 그렇게 벌어들인 돈은 대부분 어머니를 위해 사용했다. 어머니에게 맛있는 음식과 따뜻한 옷을 사드리고, 자신은 해진 옷을 입고 거친 음식을 먹으면서도 마냥 즐거웠다.

어머니는 평생 숱한 고생을 하며 살았기에 늘 건강이 좋지 못했다. 반안인은 어미양을 키워서 매일 양젖을 짜서 어머니의 영양을 보충해 드리고 남는 것은 내다 팔아 살림에 보탰다. 부지런히 몸을 움직이면서 반안인의 생활은 조금씩 나아졌다.

어머니도 즐겁고 건강하게 살다가 80살이 가까워 세상을 떠났다. 반안인은 어머니가 자신을 길러준 은혜를 잊지 않았기에 장성한 다음에 어머니께 보답할 수 있었다. 중요한 것은 그가 어머니께 맛있는 음식과 좋은 옷으로 봉양한 사실이 아니라 어머니의 마음을 세심하게 읽고 어머니를 기쁘게 해 드리려고 노력했다는 점이다. 반안인과 같은 사람은 진정한 효자라고 할 수 있다. 그의 효행은 지금도 본받을 만하다.

09.
퐁퐁 솟아나는 샘물은

퐁퐁 솟아나는 샘물은
고향 기수로 흘러가는데
마음에 새긴 고국 위나라
날마다 사무치게 그리워라

毖彼泉水비피천수, 亦流于淇역류우기.
有懷于衛유회우위, 靡日不思미일불사.

「패풍 邶風 천수 泉水」

풀이

毖비 샘물이 솟아나는 모양.
淇기 강 이름. 기수淇水.
靡미 '무無'와 같음. 없음.

해설

「천수泉水」는 외지로 시집간 위衛나라의 여인이 결혼생활이 마음에 들지 않아 친정으로 돌아가고 싶은 심정을 담아낸 작품이다.

인용된 시구에서는 퐁퐁 솟아난 샘물이 고향에 있는 기수淇水로 흘러가는 모습을 빌려 흥을 돋운다. 기수는 샘물의 영원한 안식처로, 고국과 고향에 대한 그리움이라는 주제를 자연스럽게 끌어낸다.

전체 작품의 내용은 이렇다. 고향을 잊지 못하는 작자는 어린 시누이에게 고향 이야기를 들려주는 것으로 그리움을 달랜다. 출가하던 때를 돌아보면, 부모, 친지, 고향을 떠나는 것이 아쉽기는 했지만 미래의 삶에 대한 기대감으로 이를 떨쳐낼 수 있었다. 하지만 이제 그리운 고향을 찾아가는 것은 너무도 어려운 일이 되었다. 사무치는 그리움은 실현되기 어려운 상상에만 그칠 뿐이다. 그저 수레를 타고 바람을 쐬는 것으로 그리움을 달랠 뿐이다.

「천수」에 대해서는 또 다른 해석도 있다. 위나라 선공宣公의 딸인 허목許穆의 부인이 고국과 가족을 그리워하는 마음을 담은 작품이라는 것이다.

예화

왕소군이 흉노땅에서 고국 한나라를 그리워하다

서한西漢 왕조에게 흉노匈奴는 큰 두통거리였다. 무제武帝는 국력을 기울여 흉노에 맞섰지만 일시적 승리를 거두는 데 그쳤을 뿐 근심을 완전히 제거할 수는 없었다.

기원전 68년 이후로 흉노에서는 내란이 벌어져 다섯 명의 선우單于가 서로 패권을 다투었다. 결국 선우 호한사呼韓邪가 통일을 이룩했지만 힘이 크게 손상되어 더 이상 한나라를 넘볼 수 없게 되었다. 게다가 호한사는 내란을 겪는 과정에서 한나라의 도움을 받았기 때문에 부득이 한나라와 우호관계를 맺었다. 원제元帝 때에 호한사는 한나라에 조회하고, 한나라의 부인을 맞아들이려 하였다.

당시 제국齊國의 국왕 왕양王穰에게는 왕장王嬙이라는 딸이 있었다. 왕장은 17세의 나이에 빼어난 용모를 지니고 있었다. 숱한 사람들이 왕장에게 구혼했지만, 그녀는 거들떠보지도 않았다. 왕양은 결국 왕장을 원제에게 바쳤고, 소군昭君이 되었다. 원제는 후궁이 너무 많아서 일일이 찾아볼 수가 없었다. 그래서 궁정화가 모연수毛延壽에게 후궁들의 초상화를 그리게 하여, 그 초상화를 보고 마음에 드는 후궁을 골랐다. 궁녀들은 모연수에게 뇌물을 주어 자신을 아름답게 그려달라고 부탁했다. 하지만 왕소군은 자신의 미모를 믿고 모연수에게 뇌물을 주지 않았다. 그러자 모연수는 왕소군의 초상화를 아주 형편없게 그렸다.

왕소군이 이에 불만을 품고 있던 무렵, 마침 호한사가 한나라를 찾아와 배필을 찾았다. 원제는 궁녀 다섯 명을 그에게 주었는데, 왕소군은 흉노에 가기를 자청해 그 다섯 명에 들게 되었다.

다섯 궁녀가 흉노로 떠나는 날 원제는 몸소 나와 궁녀들을 전송했다. 원제는 그 자리에서 처음으로 아름다운 왕소군을 보게 되었다. 원제는 왕소군을 흉노로 보내자니 아쉬웠다. 하지만 자신이 약속한 말을 뒤집을 수도 없는 노릇이었다. 원제는 왕소군이 거문고를 품에 안고 말을 타고 떠나는 모습을 우두커니 바라보는 수밖에 없었다.

왕소군이 자청해 흉노의 선우에게 시집을 간 것은 순간적 감정 때문이었다. 막상 흉노에 도착하고 보니 이내 후회가 들었다. 흉노의 땅은 날씨가 사납고, 음식은 입에 맞지 않고, 말도

통하지 않았다. 여러 가지로 적응하기가 어려웠다. 그녀는 고향에 대한 사무치는 그리움을 시에 담아냈다. 또 원제에게 자신의 심경을 담은 편지를 보냈다.

'홀로 나라에서 쫓겨나 천한 일을 맡고서 남쪽 궁궐을 바라보노라니 슬픔만이 더할 뿐입니다!'

왕소군의 편지를 받은 원제는 안타까운 마음에 궁정화가 모연수를 문책해 목을 벴다. 하지만 고향으로 돌아가고픈 왕소군의 꿈은 실현될 방법이 없었다.

호한사 선우가 죽자 왕소군은 고국으로 돌아가기를 요청했다. 원제의 뒤를 이어 황제의 자리에 오른 성제成帝는 흉노와의 우호관계를 위해 왕소군에게 흉노의 풍속에 따라 죽은 선우의 아들에게 시집가도록 명령했다. 결국 왕소군은 죽는 순간까지도 고향으로 돌아갈 수 없었다.

누구에게나 태어나고 자란 고국만이 진정한 귀속감을 줄 수 있다. 타국과 타향을 오랫동안 떠돌아다닌 사람이라야만 이에 대해 깊은 느낌을 가질 수 있다. 「천수」에 나오는 여인처럼 왕소군도 늘 고향을 그리워했다. 그녀는 흉노에서 지내면서 한 순간의 충동 때문에 섣부른 선택을 한 자신을 후회했을 것이다.

10. 고운 아가씨 예쁘기도 해라

고운 아가씨 예쁘기도 해라
성 모퉁이에서 날 기다리더니
사랑하는 모습 보이지 않자
머리를 긁적이며 서성거리네

靜女其姝정녀기주, 俟我於城隅사아어성우.
愛而不見애이불현, 搔首踟躕 소두지주.

「패풍 邶風 정녀 靜女」

풀이

靜女정녀 숙녀.
城隅성우 성 모퉁이.
見현 모습을 드러냄.
踟躕지주 배회함.
姝주 아름다움.
愛애 모습을 감춤.
搔소 긁음.

해설

「정녀靜女」는 청춘남녀의 뜨거운 사랑을 노래한 작품이다.

한 쌍의 청춘남녀가 으슥한 성 모퉁이에서 만나는데, 아가씨가 일부러 숨어 있자 사내는 조급한 마음에 여기저기 아가씨를 찾는다. 짧은 몇 글자 속에 아가씨의 발랄함과 총명함이 잘 드러난다. 또한 사내의 허둥대는 모습은 아가씨에 대한 깊은 사랑을 잘 보여준다.

전체 작품을 보면 아가씨는 사내에게 백모白茅 한 다발을 선사한다. 사내는 그것이 비록 평범한 선물이지만 사랑하는 연인이 준 선물이기에 더없이 아름다운 정표로 여긴다. 여기에 인용한 시구에는 청춘남녀의 진지하고 뜨거운 사랑이 생생하게 담겨 있다. 심지어 목소리와 웃는 모습까지도 생동감 있게 표현되었다.

예화

한수와 가오가 사랑의 힘으로 예법을 깨뜨리다

한수韓壽는 진晉나라 때 남양南陽 사람이다. 한수는 세습 귀족 가문 출신으로, 조위曹魏시대에 사도司徒 벼슬을 지낸 한기韓曁의 증손자이다. 인물이 좋고 서글서글했으며 도량이 넓었던 한수는 사공司空 가충賈充의 눈에 들어 사공부의 속관屬官으로 발탁되었다.

가충에게는 가오賈午라는 딸이 있었다. 가오는 영리하고 성격이 활달했다. 가충이 손님을 초대해 연회를 벌일 적이면, 가오는 병풍 뒤에서 그 모습을 엿보았다. 가오는 한수의 늠름한 모습에 자신도 모르게 연정을 품게 되었다. 가오는 시녀들에게 그가 어떤 사람인가를 물었다. 마침 시녀 가운데 한 명이 예전에 한수의 시중을 든 적이 있었다. 그 시녀는 가오에게 한수에 대한 이야기를 들려주었다. 시녀의 말을 들은 가오는 한수에 대해 더욱 관심을 갖게 되었고, 마침내 꿈속에서도 그리는 지경이 되었다. 시녀는 그런 가오의 모습을 보고 한수의 집으로 달려가 이런 사실을 일러 주었다. 아울러 자기가 모시는 아가씨가 얼마나 아름답고 지혜로운지 일러 주었다.

시녀의 말에 한수는 가슴이 뭉클했다. 비록 가오를 직접 본 적은 없었지만, 한수도 가오라는 아가씨에게 마음이 기울었다.

한수는 시녀에게 자신도 가오를 연모한다고 전하게 했다.

시녀가 돌아와 한수의 말을 전하자 가오는 대단히 기뻐했다. 하지만 당시에는 사적으로 이성과 인연을 맺는 것은 주변의 인정을 받지 못했다. 더욱이 명문가의 여인이 이런 행동을 한다는 것은 더욱 심각한 문제였다. 이런 사실은 가오도 잘 알고 있었다. 한수와 자신 사이의 감정을 아버지께 사실대로 말씀드린다면 엄한 처벌을 받게 될 것임에 분명했고, 그렇게 되면 두 사람의 감정을 이어나가기도 어려웠다.

가오는 보통 여성이라면 하기 어려운 결단을 내렸다. 가오는 시녀를 시켜 한수에게 오늘 저녁에 집으로 자신을 찾아와 달라고 전했다.

그날 저녁 한수는 기쁜 마음으로 가오의 집을 찾았다. 가오의 집 담장은 무척 높았다. 그러나 남달리 건장한 한수는 가볍게 담장을 뛰어넘었다. 가오의 집안사람들은 이런 사실을 전혀 눈치 채지 못했다.

가충은 무척 세심한 사람이었다. 그는 딸의 정서와 행동거지가 이전과는 많이 달라졌다는 사실을 눈치 챘지만 까닭을 알 수는 없었다.

한수와 가오의 밀회 사실이 알려진 것은 기향奇香 때문이었다. 그것은 서역西域에서 진나라에 조공을 한 것으로, 몸에 바르면 한 달이 넘도록 향기가 가시지 않았다. 황제는 이 진귀한 기향을 조정의 중신인 가충과 대사마 진건陳騫 두 사람에게만 하사했다. 가오는 이 향을 무척 좋아했다. 그녀는 아버지에게서 그것을 몰래 훔쳐 연인인 한수에게 선물했고, 한수는 그것을 자신의 몸에 발랐던 것이다. 그 후 가충은 관료들을 모아놓고 연회를 베풀다가 한수의 몸에서 나는 향기를 맡고 한수가 자기 딸과 각별한 사이임을 눈치 채게 되었다.

가충은 아무래도 이해가 되지 않았다.

'대문이나 담장은 손상된 흔적이 전혀 없고, 가오는 줄곧 깊은 규방에 있었는데, 어떻게 한수와 밀회를 한단 말인가?'

가충은 사건의 전말을 꼼꼼히 살피는 한편 남들이 알게 되어 가문의 명성에 손상이 가지 않을까 전전긍긍했다. 그날 저녁 무렵, 가충은 일부러 몹시 당황한 모습을 지었다. 그는 집안에 도둑이 들었다고 소리쳐 하인들에게 집안을 샅샅이 뒤지게 했다. 집안 곳곳을 살핀 하인들은 가충에게 이렇게 보고했다.

"의심나는 구석이라고는 전혀 없습니다. 다만 담장의 동북쪽 모퉁이에 약간의 마찰 흔적이 있습니다. 아마도 고양이가 넘나든 것 같습니다."

가충은 이 말에 비로소 모든 의문이 풀렸다. 가오는 평소 집 밖에 나가지 않았기에 한수와 서로 연락을 주고받으려면 시종의 도움이 필수적이었다. 가충은 딸의 시녀들을 불러 추궁했다. 그러자 시녀들은 감히 숨기지 못하고 사실대로 털어놓았다. 전말을 파악한 가충은 예법에 따라 자신의 딸을 한수에게 시집보냈다.

이는 『진서晉書』의 「가밀전賈謐傳」에 실려 있는 이야기다. 자기 배필을 스스로 선택한 젊은 여인의 이야기로 원만한 결말을 지닌다. 사랑에 대한 가오의 집착과 대담함은 놀랍다. 가충의 대처 또한 사뭇 합리적이고 감동적이다. 예전에 청춘 남녀의 밀회는 예법에 어긋나는 행동이었기에 한수와 가오, 「정녀」에 등장하는 젊은 남녀의 행동은 당시 사회에서는 용납될 수 없었다. 하지만 진정한 사랑은 외부의 힘으로 막을 수 없다. 한수와 가오의 행동은 인간성을 옥죄는 낡은 예법에 대한 반항이며, 「정녀」의 이야기는 아름다운 사랑의 찬가라고 하겠다.

11. 저 빛나는 우리 님이여

저 빛나는 우리 님이여
뼈를 자르고 상아를 밀 듯
옥을 쪼고 돌을 갈 듯

有匪君子유비군자, 如切如磋여절여차, 如琢如磨여탁여마.
「위풍 衛風 기욱 淇奧」

풀이

匪비 '비非'와 통함. 문채文彩가 있음.
切절 골기骨器를 다듬음.
磋차 상아를 다듬음.
琢탁 옥을 다듬음.
磨마 돌을 다듬음.

해설

「기욱淇奧」은 위衛나라 백성들이 무공武公의 덕을 칭송한 찬가이다.

무공은 아흔을 넘긴 나이에 주周나라 평왕平王의 경상卿相으로서 성실히 일해 백성들의 칭송을 받았다. 「기오」는 강가에 있는 대숲에서 흥을 일으켰는데, 정직하고 청렴함을 상징하는 푸른 대나무는 무공의 품격과도 잘 어울린다. 여기에 인용한 구절을 통해 위나라의 백성들은 형언할 수 없을 정도로 무공을 깊이 존경하고 사랑했음을 알 수 있다. 작품에서는 "뼈를 자르고 상아를 밀 듯, 옥을 쪼고 돌을 갈 듯"이라는 비유로 무공을 찬미했다.

오늘날에는 '절차탁마'라는 말이 갖는 의미가 본래의 뜻과는 다소 변용되어 어떤 문제에 대해 깊이 있게 논의하는 것을 비유할 적에 흔히 사용된다.

예화

소통이 인자한 마음으로 주위 사람들을 아끼다

소통蕭統은 양梁나라 무제武帝의 맏아들이다. 천성이 총명했던 그는 세 살 때에 『효경孝經』과 『논어論語』를 읽었고, 다섯 살 때에 오경五經을 통독했다. 일곱 살 때에는 수안전壽安殿에서 『효경』을 강론하였는데, 대의大義에 조금도 틀림이 없었다.

12살 되던 해에 소통은 우연히 옥관獄官이 피고를 재판하는 광경을 보게 되었다. 소통은 사건기록을 가져오게 하여 살피더니 옥관에게 이렇게 말했다.

"사건기록을 살펴보니 나도 판단이 서네요. 내가 어떻게 판결을 내리는지 보지 않겠어요?"

어린 소통의 제안에 흥미로운 생각이 든 옥관은 그 제안을 받아들였다. 법률에 따르면 이 사건은 도형徒刑에 해당되는 것이었다. 도형은 오늘날의 징역형과 같은 것이다. 하지만 소통은 피고의 형벌을 크게 낮추어 장형 50대를 선고했다. 그러자 옥관은 소통의 판결에 매우 당황했다. 그는 하는 수 없이 이를 무제에게 보고했다. 무제는 빙그레 웃으며 말했다.

"태자의 어진 마음을 드러낸 것이오. 그의 판결대로 처리하시오."

그 후 소통은 몇 차례 옥사의 판결에 참여했는데, 언제나 피고의 형량을 낮춰 주었다. 심지어 자신의 형벌을 낮추기 위해 일부러 태자에게 판결을 요청하는 일까지 벌어졌다.

그렇다고 소통이 결코 시비를 가리지 못하는 사람이었던 것은 아니다. 행정에 정통했던 그는 잘못이 발견되면 즉석에서 옳고 그름을 가려냈다. 하지만 남의 과실을 발견하더라도 대개 부드럽게 넘어갔다. 그는 처벌보다는 시정을 명했다. 그래서 세상 사람들은 누구나 그의 인자함을 칭송했다.

소통은 너그러운 성품에 스스로 모범을 보이기 좋아했다. 당시 민간에는 사치풍조가 널리 퍼져 있었다. 관료들이나 문벌세족들은 말할 것도 없었다. 하지만 소통은 일용품을 검소하게 하고, 낡은 옷을 입었으며, 고기 반찬을 먹지 않았다. 한번은 그가 호수에 배를 띄우고 있는데, 한 관리가 "춤과 노래로 여흥을 돋워야 한다."고 고집했다. 소통은 대답 대신 "음악이 무어 필요한가, 산수에 청음淸音이 있거늘"이라는 좌사左思의 시구를 읊었다. 그러자 그 관리는 몹시 부끄러워했다.

당시 사대부들은 대부분 여악女樂을 즐겼지만 소통은 재능과 학식을 갖춘 선비들과 함께 고금의 일을 논하기를 좋아했다. 당시 태자 소통의 거처인 동궁東宮에는 무려 3만 권에 가까운 장서가 있었고, 수시로 명사들이 찾아들었다. 때문에 문학이 진晉나라와 송宋나라 이래로 찾아볼 수 없을 정도로 크게 번영했다.

보통普通 연간(520~527년)에 양나라는 대대적인 북벌을 하느라 도성에는 땔감과 식량이 모자랐다. 소통은 백성들과 함께 자신의 의식을 줄였다. 또한 그는 눈비를 맞으며 거리를 유랑하는 굶주린 사람들에게 양식을 나눠주고, 궁중에 보관된 비단으로 3천 벌의 옷을 만들어 가난한 사람들에게 나눠주었다. 또 죽어서 시신을 수습할 사람이 없는 자에게는 관목棺木을 내려주었다.

531년 3월, 소통은 강물에 빠져 감기에 걸렸다. 소통은 부친 무제가 근심할까 염려하여 소문이 새어 나가지 않게 당부했다. 하지만 소통의 병세는 점점 악화되었고, 마침내 무제도 이를 알게 되었다. 당시 무제가 병세를 묻자 소통은 직접 답장을 써 올렸다. 4월이 되어서도 병세는 호전되지 않더니 결국 31세의 나이로 세상을 뜨고 말았다.

소통은 제왕의 집안에서 태어났지만 인자한 마음으로 백성들을 아꼈다. 위나라 무제의 행적은 잘 알려지지 않았지만 아마도 소통처럼 훌륭한 덕을 지닌 군자였을 것이다.

12.
새싹처럼 고운 손에

새싹처럼 고운 손에
눈처럼 뽀얀 살결
나비 같은 목덜미
박씨 같은 고운 이
매미 같은 이마에 나비 눈썹
어여쁜 웃음에 오목한 보조개
아름다운 눈매에 검은 눈동자

手如柔荑수여유이, 膚如凝脂부여응지.
領如蝤蠐령여추제, 齒如瓠犀치여호서.
螓首蛾眉진수아미, 巧笑倩兮교소천혜, 美目盼兮미목반혜.
　　　　　　　　　　「위풍衛風 석인碩人」

풀이

荑이 막 돋아난 싹.
蝤蠐추제 하늘소의 유충. 하루살이.
瓠犀호서 호로의 씨앗.
蛾眉아미 가늘고 둥근 눈썹의 형용.
倩천 용모가 아름다움. 보조개.
領령 목덜미.
螓진 매미를 닮은 작은 곤충.
盼반 눈동자가 또렷함.

해설

「석인碩人」은 기원전 720년 위衛나라 장공莊公이 제齊나라 공주 장강莊姜을 아내로 맞이하는 결혼식의 성대한 광경을 담아낸 작품이다.

작품은 먼저 장강의 고귀한 출신과 빼어난 미모를 묘사하고, 이어서 혼례식의 화려함을 그려낸 다음 원만한 결혼을 물을 만난 물고기의 즐거움에 비유하여 축하하며 끝맺었다.

여기에 인용한 구절은 장강의 아름다움을 극찬한 부분으로, 널리 전해지는 천고의 명언이다. 앞의 다섯 구절에서는 일련의 비유를 통해 장강의 아름다움을 정태적으로 묘사하고, 마지막 두 구절에서는 장강의 꽃 같은 미소와 발랄한 모습을 담아냈는데, 이런 묘사 수법은 훗날 미인을 묘사함에 있어서 본보기가 되었다.

예화

왕자복이 호녀와 결혼하여 행복하게 살다

상원절上元節은 답춘踏春을 하기 좋은 시절이다. 서생 왕자복王子服은 흥에 겨워 교외로 나들이를 갔다. 그곳에는 벌써 나들이 나온 여인들로 분주했다. 그런데 계집종 한 명을 데리고 손에 복사꽃 송이를 들고 미소 짓는 한 여인의 모습이 유난히도 왕자복의 마음을 사로잡았다. 왕자복은 아름다운 여인의 모습을 넋을 잃고 바라봤다. 여인은 그런 왕자복의 모습을 보더니 계집종에게 웃으며 말했다.

"저 젊은이는 마치 도적처럼 눈빛이 번뜩이는구나."

여인은 들고 있던 복사꽃을 땅바닥에 내던지더니 웃으며 그곳을 떠나버렸다. 왕자복은 그 꽃을 주워들고 우두커니 서서 멀어져 가는 여인의 모습을 바라보았다.

집으로 돌아온 왕자복은 들고 온 꽃을 머리맡에 내려놓고 종일토록 깊은 잠에 빠졌다. 날마다 여인을 그리워하던 왕자복은 결국 상사병에 걸렸고, 갖은 약을 써봤지만 아무 소용이 없었다. 이종사촌 형인 오씨가 왕자복의 마음의 병을 고쳐줄 심산으로 거짓으로 이렇게 말했다.

"그 여인을 내가 찾아냈지. 알고 보니 나와는 친척이더군. 우리 고모의 딸이야. 서남산에 살고 있다네."

여인의 소식을 들은 왕자복은 차츰 마음의 병이 나았다.

햇살이 곱고 따스한 바람이 부는 어느 날 왕자복은 그동안 베갯머리에 몰래 숨겨 두었던 꽃을 가슴속에 넣고 홀로 서남산으로 여인을 찾아 나섰다. 왕자복은 30리를 넘게 걸어서 서남산의 깊은 곳까지 들어갔다. 사방에는 사람의 그림자조차 보이지 않았다. 그런데 꽃무더기 사이로 골짜기 아래쪽에 있는 작은 마을이 어렴풋이 보였다. 왕자복이 골짜기를 타고 내려가니 과연 거기에는 초가집이 가지런히 자리 잡은 작은 마을이 있었다. 여인의 집을 알 수 없었던 왕자복은 큰 바위에 걸터앉아 잠시 휴식을 취했다.

갑자기 어디선가 한 여인이 "소영아!"하고 부르는 소리가 들렸다. 소리가 들려온 곳을 살펴보니 꿈에도 잊지 못한 바로 그 여인이 거기에 있었다. 여인은 왕자복의 모습을 발견하고는 빙그레 웃으며 얼른 한 집으로 뛰어 들어갔다. 왕자복은 바위에 앉아 석양이 질 때까지 여인이 들어간 집을 살폈다. 왕자복은 배가 고프고 목이 타는 것도 알지 못했다. 한편, 여인도 몇 번이나 몰래 왕자복이 앉아 있는 바위를 내다보았다. 여인은 의아한 생각이 들었다.

'저 사내는 왜 여태껏 저렇게 앉아 있지?'

이윽고 날이 저물려 할 무렵에 어떤 부인이 대문을 밀치고 나오더니 왕자복에게 물었다.

"무슨 일이 있으시오?"

"친척을 찾아왔소."

"친척이 누구요?"

왕자복은 얼른 대답하지 못했다. 왕자복이 우물쭈물하자 부인은 웃으며 말했다.

"이름도 모르면서 날이 저물었는데 어떻게 친척을 찾으시겠소? 보아하니 책상물림 같으신데. 일단 저희 집으로 가세요. 요기도 하고 하룻밤 쉬고 내일 날이 밝거든 친척을 찾으세요."

왕자복은 너무도 기뻤다. 부인을 따라 집으로 들어서니 마당에는 흰 돌이 깔려 있고 온갖 화초가 피어 있었다. 집안은 정갈하게 정돈되어 있었다.

자리를 잡고 앉자 부인이 물었다.

"외가가 성이 오씨가 아니신지요?"

"그렇소."

부인은 깜짝 놀랐다.

"그럼 내 조카시구려! 서생의 어머니가 내 여동생이오. 내겐 자식이 없지만 조카딸이 하나 있소. 아이 어머니가 개가를 해서 내가 데려다 길렀다오. 아이는 영리하긴 하지만 교육을 받지 못해 그저 놀기만 할 줄 안다오."

부인은 소영이라는 계집종에게 딸을 불러오게 하였다. 잠시 후 창밖에서 웃음소리가 들려왔다. 그러자 부인이 소리쳤다.

"영녕아! 오라버니가 오셨다."

창밖의 웃음소리는 그치지 않았다. 소영이 영녕을 방으로 떼밀어 넣었지만 영녕은 여전히 입을 가리고 웃었다. 부인이 그런 그녀를 꾸짖었다.

"손님이 계신데 이게 무슨 짓이냐?"

영녕은 그제야 웃음을 그쳤다. 소영이 영녕에게 말했다.

"눈빛이 번뜩이는 것이 아직도 도적의 모습이네요."

이 말에 영녕은 자지러지게 웃으며 밖으로 뛰쳐나갔다. 웃음소리는 그치지 않았다.

이튿날 왕자복은 뒷마당에 있는 꽃밭을 산책하다가 나무 뒤쪽에서 들리는 소리에 고개를 돌렸다. 그곳에는 영녕이 나무 위에 숨어 있었다. 영녕은 왕자복에게 들키자 그만 나무에서 떨어지고 말았다. 왕자복은 얼른 영녕을 부축하며 품에 넣고 있던 복사꽃을 꺼내 보여주었다. 영녕이 말했다.

"시든 꽃이네요. 무얼 하시게요?"

"당신이 상원절에 버린 그 꽃이오. 내가 보관하고 있었소."

"꽃을 좋아하시나 봐요? 가실 적에 큰 꽃다발을 선사해야겠군요."

"나는 이 꽃을 들고 있던 사람을 좋아하오."

영녕은 무슨 말인지 알지 못했다.

왕자복은 부인에게 영녕에게 장가들고 싶다는 생각을 말했다. 그러자 부인은 그 자리에서 결혼을 허락했다.

기쁜 마음에 왕자복이 단걸음에 집으로 돌아와 어머니께 자초지종을 말씀드리자 어머니는 깜짝 놀랐다. 어머니에게는 언니가 있었는데, 일찌감치 세상을 떠났다는 것이었다. 주변 사람들이 이 일을 여러모로 따져본 뒤에야 비로소 영녕은 여우가 둔갑한 호녀狐女라는 사실을 알게 되었다. 사람들이 어리둥절해 있는 사이에 영녕이 방안에서 깔깔대고 웃었다. 사람들은 자신도 모르게 따라 웃었다.

왕자복의 어머니는 근심이 많은 사람이었지만 영녕을 며느리로 받아들였다. 결혼을 하고 나서도 영녕은 소녀 시절의 습관을 고치지 않고 늘 소리 내어 웃었다. 사람들은 그런 그녀를 좋아했다. 왕자복의 어머니가 마음이 울적할 적이면 영녕은 살금살금 뒤로 다가와 한바탕 웃음으로 울적함을 풀어주었다. 하인들은 잘못을 저지르면 영녕에게 대신 용서를 빌어달라고 했다. 그러면 모두가 용서받고 책임을 면할 수 있었다.

왕자복 부부는 훗날 아들을 낳았다. 아이는 강보에 싸여서도 낯선 사람을 두려워하지 않고 방긋방긋 웃는 것이 제 어머니와 똑같았다.

이는 청나라 포송령蒲松齡이 편찬한 『요재지이聊齋志異』에 실려 있는 이야기이다. 영녕의 웃음에 대한 언급만으로 마치 그 아름다운 용모가 드러나는 듯하고 또 순정한 웃음소리에서 영녕의 순결한 영혼을 보는 것만 같다. 「석인」에 묘사된 장강의 아름다운 모습과 『요재지이』에 실린 영녕의 웃는 모습을 통해 진정한 아름다움이란 무엇인지 생각해 보게 된다.

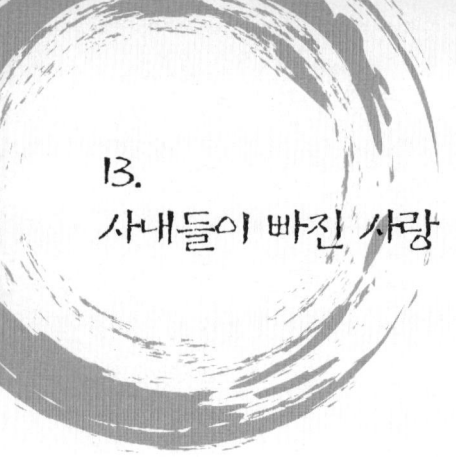

13.
사내들이 빠진 사랑

사내들이 빠진 사랑
변명이나 하지마는
여인들이 빠진 사랑
변명조차 할 수 없네

士之耽兮사지탐혜, 猶可說也유가설야.
女之耽兮여지탐혜, 不可說也불가탈야.

「위풍衛風 맹氓」

풀이

士 사 고대에 남자들에 대한 미칭美稱.
耽 탐 사랑에 빠져 스스로 헤어나지 못함.
說 탈 '탈脫'과 같음. 벗어남, 회피함, 해명함.

해설

「맹氓」은 남편에게 버림받은 한 여인이 남편에 대한 원망을 담아낸 작품이다.

전체 작품의 내용은 다음과 같다. 슬픔 속에서 여인은 두 사람이 처음 만났던 때를 회상한다. 처음에 사내는 베를 들고 와서 실로 바꾸겠다며 여인에게 접근한다. 사내의 속내는 여인에게 청혼을 하려는 것이었다. 여인도 사내의 청혼을 받아들이고, 가을에 혼례를 치르기로 언약한다. 하지만 정작 결혼을 하자 사내는 자기 일을 위해 아내는 내버려두고 홀로 밖으로 떠돈다. 여인은 그제야 사내의 본모습을 알고 뒤늦게 후회하지만 이미 늦은 일이다.

당시에는 여자는 출가하면 죽을 때까지 남편을 따라야 했다. 그러므로 "사내들이 빠진 사랑 변명이나 하지마는, 여인들이 빠진 사랑 변명조차 할 수 없네."라고 노래한 것이다. 이는 버림받은 아내의 후회이자, 남성 중심의 사회에 대한 간절한 호소다.

짧은 네 구절에 농축된 애절한 감정은 천년의 세월을 건너 지금까지도 사람들의 심금을 울리는 마력을 지닌다.

예화

두십낭이 이갑에게 배신당하고 세상을 버리다

명나라 때에 이갑李甲이라는 환관의 자제가 도성 북경에서 유학하고 있었다.

하루는 이갑이 교방사敎坊司를 찾았다가 우연히 두십낭杜十娘이라는 기생을 만나게 되었다. 두 사람은 첫눈에 서로에게 이끌렸고, 이후 이갑은 교방사에 눌러 지내게 되었다.

이갑은 교방사에 눌러 지낸 지 어언 일 년이 지나자 주머니가 텅 비게 되었다. 재물만 알고 인정이라고는 눈곱만치도 없던 기생 어미는 갖은 수단을 써서 이갑을 내쫓으려 하였다. 하지만 두십낭은 이갑에게 깊은 애정을 지니고 있었다. 때문에 두 사람은 차마 헤어질 수 없었다. 기생 어미는 두 사람을 그냥 떼어놓을 수 없다는 것을 알고 이갑에게 이렇게 말했다.

"백은白銀 삼백 냥을 내놓는다면 두십낭을 데려가도 좋네."

기생 어미는 이갑에게 이렇게 큰 재물이 없다는 것을 잘 알고 있었다. 이는 이갑을 내쫓으려는 구실일 뿐이었다. 이갑은 두십낭에게 울며 매달렸다.

"서로 사랑하고 위하는 부부가 되어 평생 함께 살고 싶소."

두십낭도 같은 마음이었다. 그녀도 사랑하는 사람을 잃고 싶지 않았다. 두십낭은 마침내 자기가 가진 돈을 몽땅 이갑에게 건넸다.

"이 돈으로 어머니께 제 몸값을 치르세요."

이리하여 두십낭은 자유의 몸이 되었고, 이갑은 두십낭을 데리고 고향으로 가는 배에 올랐다. 그들이 탄 배가 과주瓜洲라는 곳에 이르렀을 때 갑자기 눈보라가 몰아쳤다. 급기야 배는 며칠 동안 부두에 머물게 되었다. 그러는 동안에 다른 배에 타고 온 손부孫富라는 방탕한 사내가 두십낭에게 흑심을 품게 되었다. 손부는 두십낭의 아름다운 용모에 마음을 빼앗겼고, 두십낭을 자신의 여자로 만들기로 작정했다.

손부는 갖가지 궁리 끝에 일단 이갑에게 접근했다. 손부는 이갑에게 두십낭에 대해 이런저런 것을 물었고, 이갑은 아무 의심 없이 그의 물음에 일일이 대답했다. 하루는 손부가 이갑에게 단도직입적으로 이런 제안을 내놓았다.

"두십낭을 내게 주시오. 백은 천 냥을 주겠소."

주머니 사정이 궁색했던 이갑은 백은 천 냥을 주겠다는 손부의 제의에 마음이 흔들렸다. 백은 천 냥이 생기면 골치 아픈 일을 단번에 해결할 수 있었다. 이갑의 부친은 워낙 엄격한 분이어서 기녀 출신인 두십낭을 며느리로 받아들일 리 만무했다. 사실 이갑은 내내 이 문제 때문에 혼자 근심하던 터였다.

'백은 천 냥을 손에 넣고, 아버지의 질책도 피할 수 있으니, 그야말로 일거양득이 아닌가!'

이갑은 마침내 손부의 제의를 받아들였다. 자신을 사랑해 모든 것을 버리고 자신에게 몸을 맡긴 두십낭에 대한 감정은 이내 싸늘하게 식었다. 이런 사실을 알게 된 두십낭은 몹시 상심했다. 하지만 그녀는 놀라울 정도로 평정한 태도를 보였다.

드디어 사람과 돈을 맞바꾸기로 약속한 날이 되었다. 손부가 이갑에게 백은을 건네자 두십낭은 작은 상자 하나를 들고 손부가 타고 온 배에 올라탔다. 두십낭은 들고 있던 상자를 열었다. 상자는 네 칸으로 나뉘어 있었다. 두십낭이 첫 번째 칸을 열자 거기에는 금은 장식품이 가득했다. 두십낭은 그것을 몽땅 강물에 쏟아버렸다. 두 번째 칸에는 금옥金玉으로 만든 피리가 들어 있었고, 세 번째 칸에는 오래된 옥과 자금紫金이 들어 있었다. 두십낭은 이 역시 모두 강물에 던져 넣었다. 네 번째 칸에는 갖가지 진귀한 보배가 들어 있었다. 두십낭이 그마저 강물에 던지려 하자 이갑은 통곡하기 시작했다. 두십낭은 손을 멈추고 손부를 꾸짖었다.

"나는 저 사람과 함께 어려움을 이겨내며 여기까지 왔소. 그런데 당신은 남의 인연을 해쳤소. 그런 당신을 내가 어찌 따라갈 수 있겠소?"

두십낭은 이번에는 이갑에게 말했다.

"당신은 나와 함께 부부가 되기로 천지신명께 맹세했소. 그런데 지금은 재물 때문에 나를 버렸소. 나는 당신을 저버리지 않았는데 당신은 나를 저버리셨소."

말을 마친 두십낭은 상자를 든 채로 강물에 몸을 던졌다.

이는 명나라 풍몽룡馮夢龍이 편찬한 『경세통언警世通言』에 실려 있는 이야기이다. 소설에 나오는 이야기지만 현실에서도 이런 일은 적지 않다. 두십낭이 뱃전에서 지난날의 맹세를 떠올릴 때 그 마음은 얼마나 슬펐겠는가? 사랑에 마음을 빼앗긴 두십낭은 그릇된 사람에게 의지하였기에 다른 선택을 할 수 없게 되었다. 마치 「맹」에서 "사내들이 빠진 사랑 변명이나 하지마는, 여인들이 빠진 사랑 변명조차 할 수 없네."라고 노래한 것과 같은 격이다. 두십낭과 같은 여인을 막다른 지경으로 내몬 것은 사내들의 험한 마음 이외에도 어두운 시대가 그렇게 만든 것이다.

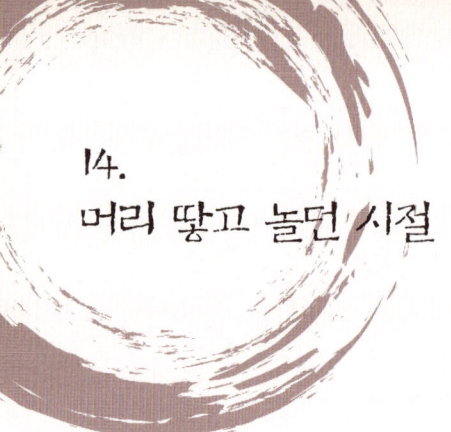

14.
머리 땋고 놀던 시절

머리 땋고 놀던 시절
얘기하고 웃으며 즐거웠지
평생 변치 말자 굳게 한 맹세
돌아설 줄은 생각조차 못했네

總角之宴총각지연, 言笑晏晏언소안안.
信誓旦旦신서단단, 不思其反불사기반.

「위풍衛風 맹氓」

풀이

總총 동임. 한데 묶음.
總角총각 양 갈래로 머리를 땋음. 어린 시절을 가리킴.
宴연 유희.
晏晏안안 부드럽게 웃는 모습.
旦旦단단 굳고 진지한 모양.
不思불사 미처 생각하지 못함.
反반 거꾸로 바뀜.

해설

이는 「맹氓」의 일부 구절로, 버림받은 아내가 남편과 결혼하기 전에 함께 어울려 즐거운 시간을 보내던 어린 시절을 회상한 대목이다.

부부가 된 두 사람은 어린 시절부터 함께 어울려 즐겁게 지냈다. 그들은 사랑의 감정이 싹틀 무렵에는 자신들의 사랑을 평생 지키며 살자고 맹세했다. 하지만 그들이 결혼해 함께 지낸 기간은 얼마 되지 못했다. 남편의 마음이 다른 여인에게로 옮아갔기 때문이었다. 남편은 아내를 버렸다. 어린 시절의 즐거움과 사랑하던 시절의 맹세가 현재의 상황과 극명하게 대비되면서 사람 마음의 무상함을 잘 보여준다.

"신서단단信誓旦旦"이라는 구절은 오늘날 믿음을 지키지 못하는 사람을 가리킬 적에 흔히 사용된다.

예화

초중경과 유란지가 생사를 초월하여 서로 사랑하다

한나라 말기에 여강廬江이라는 고장에 유란지劉蘭芝라는 여인이 있었다. 다재다능하고 엄격한 가정교육을 받은 그녀는 열일곱 살 되던 해에 고을의 하급 관리인 초중경焦仲卿의 아내가 되었다.

유란지는 오랫동안 수절한 시어머니를 모시고 가정을 꾸려나갔다. 초중경이 출근하면 유란지는 아침부터 저녁까지 부지런히 가사를 돌보았다. 초중경은 불평 없이 묵묵히 살림을 하는 그런 아내가 너무도 사랑스럽고 고마웠다. 한가할 적이면 초중경과 유란지는 작은 목소리로 사랑을 속삭였고, 때로는 거문고를 타면서 함께 노래를 부르기도 했다. 두 사람은 금슬이 아주 좋았고, 이웃 사람들은 이 젊은 부부를 모두들 부러워했다.

하지만 초중경의 어머니는 유란지를 마땅하게 여기지 않았다. 자신이 수절하며 어렵게 키운 아들을 며느리에게 고스란히 빼앗겼다는 생각 때문에 시어머니는 온갖 트집을 잡으며 며느리를 구박했다. 며느리를 남의 집에 보내 가사를 거들고 품삯을 받아 오게 하는가 하면 걸핏하면 남들에게 며느리 흉을 보았다. 이성을 상실한 시어머니는 심지어 유란지가 집안의 화목을 깨는 교활한 여우의 정령이라고 몰아세웠다. 마침내 시어머니는 초중경에게 유란지와 헤어지라고 압력을 넣었다.

"시어미에게 버르장머리 없이 대들고, 무얼 하려면 자기 고집만 내세우는구나. 그 아이와 헤어져라!"

하지만 초중경은 생각이 달랐다.

'아내는 결코 부당하게 행동한 적이 없다. 그런데도 어머니는 왜 싫어하시는 것인가?'

초중경은 어머니의 요구를 받아들이지 않았다. 그리고 이렇게 어머니께 맹세했다.

"만약 집사람을 쫓아낸다면 저는 다시는 새장가를 가지 않을 것입니다."

그러자 어머니는 차라리 자신이 죽겠다며 초중경을 압박했다. 상황이 이렇게 되자 초중경은 하는 수 없이 어머니의 요구를 받아들였다.

그날 밤, 젊은 부부는 잠을 이루지 못했다. 초중경은 유란지에게 자신의 난처한 입장을 거듭 설명하면서 형편이 나아지면 꼭 다시 데려오겠다고 약속했다. 하지만 유란지는 그다지 기대를 걸지 않았다.

이윽고 헤어져야 할 날이 밝았다. 유란지는 수레에 올라 초중경의 집을 떠났다. 초중경은 말을 타고 아내를 전송했다. 수레바퀴가 구를 적마다 마치 두 사람의 마음을 짓이기는 것만 같은 고통이 몰려왔다. 견딜 수 없는 마음의 고통에 초중경은 유란지를 끌어안고 통곡했다. 그리고 이렇게 맹세했다.

"바다가 말라붙고 바위가 문드러지더라도 영원히 잊지 않을 것이오."

유란지가 친정에 돌아와 보니 친정은 모든 것이 달라져 있었다. 성격이 거친 오라버니는 누이가 친정으로 쫓겨 오자 집안 체면을 구겼다며 화를 냈다. 얼마 후 고을 현령이 사람을 넣어 유란지에게 아들의 청혼을 했다. 오라버니는 유란지에게 묻지도 않고 이를 받아들였다. 유란지에게 오라버니는 아버지와도 같은 존재였기에 상식에 맞지 않는 결정에도 반항할 수 없었다. 유란지는 그저 하염없이 눈물만 흘렸다.

이 소식은 초중경에게 전해졌다. 초중경은 유란지의 재혼 소식에 말을 타고 날 듯이 달려왔다. 그리고 이렇게 따져 물었다.

"내 마음은 반석처럼 영원히 움직이지 않을 것이오. 그런데 당신은 어쩌면 이리도 빨리 마음이 바뀌었소?"

상심한 초중경은 말을 마치더니 해명도 듣지 않고 휑하니 돌아갔다. 초중경의 오해에 유란지는 삶에 대한 마지막 희망마저도 잃어버리고 말았다. 그날 밤 유란지는 사람들의 눈을 피해 집 뒤에 있는 연못에 스스로 몸을 던졌다.

유란지의 죽음은 금세 초중경에게 전해졌다. 초중경은 그제야 유란지의 진심을 알게 되었다. 하지만 이미 소용없는 일이었다. 초중경은 스스로 목을 매 죽음을 선택했다. 영혼이나마 유란지의 곁으로 가려는 것이었다.

이처럼 가슴 아픈 사랑의 비극은 봉건적 가족제도 아래에서 벌어진 것이지만, 유란지에 대한 초중경의 오해도 유란지의 죽음을 재촉한 한 가지 원인이 되었다. 이 이야기는 무명 시인이 지은 「공작동남비孔雀東南飛」라는 장편시에 담긴 내용이다. 「공작동남비」는 남조南朝 때에 서릉徐陵이 편찬한 『옥대신영玉臺新詠』에 수록되어 전한다.

15.
아는 이야
내 마음을 시름이라 하지만

아는 이야 내 마음을 시름이라 하지만
모르는 이는 내가 무얼 찾는가 하리라
높고 높은 하늘이시여
누구 탓에 이리 됐나요?

知我者謂我心憂지아자위아심우,
不知我者謂我何求부지아자위아하구.
悠悠蒼天유유창천, 此何人哉차하인재?

「왕풍 王風 서리 黍離」

> **풀이**
>
> **悠悠**유유 아득히 멂.　　　　**蒼天**창천 푸른 하늘.
> **此何人哉**차하인재 '차此'는 서주西周의 옛 도성인 호경鎬京의 황량한 모습을 가리킴. '하인재何人哉'는 도대체 누가 이런 지경을 만들었는가 하는 의미임.

해설

「서리黍離」는 동주東周시대에 한 대부大夫가 지은 작품으로, 노역에 끌려가던 작자가 주나라의 옛 도성인 호경鎬京을 지나다 상전벽해로 바뀐 모습을 보고 지난날의 영화를 회상하는 내용을 담고 있다.

호경의 퇴락한 모습은 작자의 가슴을 아프게 했지만 함께 가던 사람들은 그의 마음을 헤아리지 못했다. 호경의 퇴락한 모습을 도저히 받아들일 수 없었던 작자는 푸른 하늘에 물어보는 수밖에 없었다. 「서리」는 모두 3장으로 구성되었는데, 여기에 인용된 시구는 첫 번째의 뒷부분으로, 시인의 복잡한 심경이 잘 드러난다. 깊은 우환의식을 담은 이 작품은 훗날 나라와 시절을 근심하는 시가의 비조가 되었다.

예화

굴원이 우국충정을 품고 멱라강에 투신해 분사하다

굴원屈原은 전국시대 말기 초楚나라 사람이다. 그는 초나라의 세습 귀족 가문 출신으로, 삼려대부三閭大夫라는 벼슬을 지내 '삼려대부'로도 불린다.

굴원은 젊은 시절에 식견이 넓고 포부가 컸으며 사령辭令에 뛰어나 회왕懷王에게 중용되었다. 당시 초나라는 안에서는 간신들이 권력을 농단했고, 밖에서는 강력한 진秦나라가 호시탐탐 노리고 있었다. 나라와 백성에 대한 근심으로 애를 태우던 굴원은 회왕에게 조정의 간악한 무리들을 내쫓고 제후국들과 연합해 강한 진나라에 맞서라고 간언했다.

굴원의 이런 주장은 당시 상황을 고려하면 매우 현명한 방안이었다. 하지만 이는 상관대부 근상靳尙을 비롯한 세도가들의 기득권에 맞서는 것이어서 굴원은 미움을 사게 되었다. 근상은 회왕에게 굴원을 헐뜯어 그의 직위를 강등시켰다. 하지만 나라와 백성에 대한 굴원의 사랑은 결코 시들지 않았다.

기원전 313년, 진나라 혜왕惠王은 장의張儀를 시켜 초나라에게 상商의 땅을 주겠다고 유혹해 진나라를 위협하는 초나라와 제齊나라의 동맹을 와해시키려 했다. 굴원은 진나라의 의도를 간파하고 회왕에게 장의를 쫓아내라고 권유했다. 하지만 진나라의 의도를 제대로 파악하지 못한 회왕은 굴원의 권고를 무시하고 제나라와의 동맹을 끊었다. 그러자 진나라는 당초의 약속을 어기고 땅을 초나라에게 주지 않았다. 분개한 회왕은 진나라를 공격해 단양丹陽과 남전藍田에서 전투를 벌였지만 대패하고 오히려 초나라의 땅을 빼앗기고 말았다. 회왕은 그제야 잘못을 깨닫고 제나라와의 동맹을 회복했다. 진나라는 초나라와 제나라가 동맹관계를 회복하자 다시 장의를 보내 초나라에서 빼앗은 땅을 돌려주겠다고 하였다. 장의는 근상과 회왕의 총희 정수鄭袖에게 많은 뇌물을 주어 그들에게 진나라에 유리한 발언을 하도록 했다. 회왕은 또다시 진나라의 거짓말에 속아 장의의 건의를 받아들였다. 당시 외지에 있던 굴원은 소식을 듣고 궁중으로 달려갔지만 모든 일이 끝난 뒤였다.

충성스러운 말은 귀에 거슬리는 법이다. 굴원의 거듭된 바른 말에 회왕은 결국 분노하고 말았다. 회왕은 굴원을 강북江北 지방으로 유배시켰다. 이에 굴원은 비통한 심정으로 나라와 백성에 대한 근심을 담아 유명한 「이소離騷」를 지었다. 하지만 이것이 회왕을 뉘우치게 만들거나 도탄에 빠진 백성들을 위기에서 구할 수는 없었다.

기원전 304년, 초나라가 진나라와 동맹을 맺자 초나라와 제후국 사이에는 전쟁이 끊이지 않았다. 기원전 299년, 진나라는 회왕에게 무관武關에서 회합을 요구했다. 당시 조정으로 돌아온 굴원은 회왕의 회합 참가를 막았다.

"진나라는 사나운 이리와 같은 나라입니다. 믿어서는 아니 됩니다."

회왕은 굴원의 충고를 듣지 않고 회합에 참가했다. 회왕은 결국 사로잡혀 진나라의 도성 함양咸陽으로 압송되었고, 3년 후 그곳에서 세상을 뜨고 말았다.

기원전 298년, 경양왕頃襄王이 즉위했다. 하지만 굴원은 중용되기는커녕 아주 외진 멱라강汨羅江으로 추방되어 그곳에서 무려 20년이 넘는 세월을 보냈다. 굴원은 개인의 영욕에는 개의치 않았다. 그가 염려한 것은 오직 초나라의 상황이 갈수록 나빠진다는 점이었다. 새로 즉위한 경양왕은 지난날의 교훈을 기억하지 못하고 진나라의 공주를 부인으로 맞아들였다. 그는 진나라의 엉큼한 속내를 전혀 눈치 채지 못했던 것이다.

기원전 278년, 진나라는 마침내 대군을 이끌고 초나라를 공격했다. 전혀 대비가 없었던 초나라는 도성 영도郢都마저 풍전등화와 같은 지경에 놓이게 되었다. 상황이 이렇게 되자 굴원은 마침내 절망했다. 조국의 멸망을 차마 눈뜨고 볼 수 없었던 그는 결국 그해 5월 5일 돌덩이를 가슴에 끌어안고 멱라강에 몸을 던졌다.

망해 가는 조국의 모습을 보면서도 아무 일도 할 수 없다는 것은 굴원에게는 너무도 가슴 아픈 일이었다. 변치 않는 우국충정을 가슴에 품고 세도가들의 공격에 시달리며 멱라강변을 배회하던 굴원의 슬픔과 울분은 하늘만이 알고 있었을 뿐이었다. 그런 상황에서 하늘에 호소하고 또 강물에 스스로 몸을 던지는 것 말고 그가 무엇을 할 수 있었겠는가? 이는 굴원의 비애이자 시대의 슬픔이라고 할 것이다.

16. 아가씨 쑥을 뜯네

아가씨 쑥을 뜯네
하루만 못 보아도
세 가을인 양 그립구나

彼采蕭兮피채소혜, 一日不見일일불견, 如三秋兮여삼추혜.
「왕풍 王風 채갈 采葛」

풀이

彼피 작품에 나오는 쑥을 캐는 아가씨를 가리킴.
蕭소 쑥.
三秋삼추 흔히 '일추一秋'는 1년의 의미로 쓰이지만, 여기서는 삼월三月, 삼추三秋, 삼세三歲의 순서로 언급되어, 가을은 달보다 길고 해보다 짧으므로 삼추는 삼계三季, 즉 세 계절을 가리키는 것으로 봄.

해설

「채갈采葛」은 부지런히 일하는 아가씨에 대한 사내의 깊은 연정을 담아낸 사랑의 노래이다. 전체 작품이 36자에 불과하지만 사랑에 빠진 사람의 마음을 잘 담아냈다.

사랑하는 사람 사이의 감정은 말로 표현하기 어렵다. 작자는 시간의 길이로 이를 절묘하게 표현했는데, '삼월三月', '삼추三秋', '삼세三歲'는 모두 그리움이 깊음을 과장의 수법으로 표현한 것이다. 또한 시간의 흐름을 나타내는 표현이 갈수록 길어지는데, 이는 그리움도 점점 더해 간다는 의미다. 짧은 작품이지만 깊은 감정을 잘 보여준다. 지금도 흔히 사용되는 "일일삼추一日三秋", 즉 "하루가 삼년 같다"라는 말은 여기에서 비롯된 것이다.

예화

채문희가 흉노에 두고 온 자식을 그리워하다

채염蔡琰은 자가 문희文姬이며, 동한東漢의 저명 문학가인 채옹蔡邕의 딸이다.

채문희는 재능이 뛰어났으며, 음악에도 정통했다. 하루는 채옹이 거문고를 타던 중 갑자기 줄 하나가 끊어졌다. 거문고 소리를 듣고 있던 채문희가 말했다.

"열 번째 줄이 끊어졌어요."

채문희는 거문고 소리만을 듣고서 어느 줄이 끊어졌는지를 식별해 냈다. 채옹도 자기 딸에게 그런 재주가 있으리라고는 생각하지 못했다.

'흠, 우연이겠지.'

채옹은 일부러 줄 하나를 다시 끊고는 딸에게 알아맞히게 하였다. 그러자 채문희는 정확하게 알아맞혔다.

채문희처럼 대가의 규수라면 본시 좋은 팔자를 타고난 것이라고 할 것이다. 하지만 난세를 만난 그녀의 운명은 세상의 부침을 따라 이리저리 흔들렸다.

흥평興平 연간(194~195년)에 이르러 흉노匈奴가 중원中原을 침범하면서 세상은 크게 어지러워졌다. 채문희는 흉노에게 끌려가 좌현왕左賢王의 첩이 되었다. 그녀는 비록 고향땅을 멀리 떠나서 살게 되었지만 좌현왕은 그녀를 아꼈고 두 아이를 낳으며 12년을 살았다.

당시 위魏나라 재상이던 조조曹操는 채옹과 좋은 친분을 쌓고 있었다. 어느 날 조조는 자신의 오랜 벗인 채옹이 아들이 없고 하나뿐인 딸마저 멀리 흉노땅에서 살고 있다는 사실을 새삼 떠올렸다. 그는 사람을 보내 금은보화를 주고 채문희를 데려오게 하였다. 그런데 조조는 채문희가 이미 두 아이의 어머니가 되어 있다는 사실을 미처 생각하지 못했다. 채문희에게 두 아이는 먼 이국땅에서 고독감과 적막감을 없애주는 존재였다. 또한 좌현왕과 함께 지내는 12년의 세월 동안 두 사람은 마음에 깊은 정을 쌓고 있었다. 때문에 채문희는 흉노를 떠나 고국 한나라로 돌아가기를 원치 않았다. 사랑하는 좌현왕과 두 자식과 헤어지고 싶지 않았던 것이다. 하지만 조조가 재물을 건네고 자신을 데려가는 것에 맞설 힘이 없었던 채문희는 결국 홀로 한나라로 돌아오는 수밖에 없었다.

한나라로 돌아온 채문희는 동사董祀의 아내가 되었다. 부부의 금슬은 괜찮았다. 동사는 채문희가 오랑캐 땅에서 오랫동안 남의 여자로 살았고 게다가 두 명의 자식까지 두었다는 사실을 전혀 개의치 않았다. 하지만 채문희의 마음은 달랐다. 멀리 북녘 하늘 아래 두고 온 두 자식이 너무도 그리웠다. 그녀는 자식에 대한 깊은 그리움을 담아 천고의 명작「호가십팔박胡笳十八拍」을 지었다. 작품의 전반부에는 자신이 흉노의 땅으로 가게 된 원인과 경과를 담았고, 후반부에는 두 자식에 대한 절절한 그리움을 담아냈다.

「채갈」과「호가십팔박」은 모두 그리움을 담은 작품이지만 그 맛은 사뭇 다르다. 연인 사이의 그리움을 담아낸「채갈」은 달콤한 슬픔이 있지만, 영원히 자식과 만날 수 없는 어머니의 애타는 심정을 담은「호가십팔박」은 보는 이의 애간장을 태운다.

17.
살아서는 함께하지 못한대도

살아서는 함께하지 못한대도
죽어서는 함께 묻히고 싶어라
내 말이 미덥지 않거든
저 밝은 태양에게 맹세하리라

穀則異室곡즉이실, 死則同穴사즉동혈.
謂予不信위여불신, 有如皦日유여교일.

「왕풍 王風 대거 大車」

> 풀이

穀곡 살아 있음.　　　　　**皦교** 밝음. 광명.

해설

 인용된 시구는 「대거大車」의 세 번째 단락이다. 「대거」의 앞부분에서는 이런 일이 일어나게 된 배경을 담았다. 즉 서로 사랑하게 된 청춘 남녀의 사이를 깊은 고랑이 가로막고 있다. 높은 수레를 타고 지나가는 사내와 그 모습을 보게 된 여인은 서로 첫눈에 반하지만 남의 이목 때문에 서로 감정을 전하지 못한다. 여인은 모든 것을 버리고 사내와 함께 달아나자고 하지만 사내는 주저한다. 사랑하는 사람과 함께할 수 없고, 또 그 사랑이 결실을 맺을 수 없기에 여인의 상심은 너무도 컸을 것이다. 여인은 하늘의 태양을 우러르며 "살아서는 함께 살지 못한대도, 죽어서는 함께 묻히고 싶어라."라며 맹세한다. 열정적이고 직설적으로 자신의 감정을 쏟아낸 이 말은 훗날 연인들이 상대에게 자신의 감정을 내보일 때 흔히 인용되었다.

예화

양산백과 축영대가 나비가 되어 영원히 사랑하다

 축영대祝英臺는 동진東晉시대 명문가의 딸로, 빼어난 용모에 유가의 경전과 각종 역사서를 두루 공부한 재원이었다. 축영대의 조상은 조적祖逖과 환온桓溫을 따라 중원을 북벌하는 공로를 세웠는데, 축영대는 가문의 이런 배경 때문에 얼마쯤은 사내와 같은 구석을 지니고 있었다. 그녀는 화목란花木蘭처럼 갑옷을 입고 전쟁터를 누비는 인물이 되고 싶었다. 하지만 현실적으로 화목란과 같은 전쟁영웅이 될 수는 없었다. 그런 아쉬움을 달래고자 축영대는 부모를 설득하여 사내 복장을 하고 항주杭州로 유학을 떠났다. 당시 그녀는 겨우 열네 살에 불과했다.

항주로 가던 중 축영대는 우연히 양산백梁山伯을 만나게 되었다. 양산백과 축영대는 첫눈에 서로가 마음에 들었고, 함께 동행하게 되었다. 두 사람은 의기투합하여 의형제의 인연을 맺고, 나란히 항주에 있는 숭기서원崇綺書院에 들어가 학업에 정진했다.

3년의 세월이 화살처럼 지나갔다. 함께 얼굴을 맞대고 지내는 동안 축영대는 인품과 학식이 빼어난 양산백에게 자신도 모르게 연정을 품게 되었다. 하지만 양산백은 눈치가 없었다. 축영대와 한 방을 쓰면서도 그녀가 여자인지조차 눈치 채지 못했던 것이다.

양산백이 자신의 마음을 눈치 채지 못하자 축영대는 조바심이 났다. 그녀는 청명절에 학우들과 함께 서호西湖를 유람하는 기회에 양산백에게 수차례 추파를 던졌지만 양산백은 전혀 알아차리지 못했다. 오히려 양산백은 축영대가 마치 여자처럼 군다며 핀잔을 주었다. 축영대는 하는 수 없이 양산백에게 모든 사실을 털어놓았고, 양산백은 그제야 깜짝 놀라는 것이었다.

그런데 축영대가 양산백에게 자신의 모든 진실을 털어놓을 때, 동료 마문재馬文才가 그들의 대화를 엿들었다. 마문재는 관료 집안의 자식으로 방탕한 기질을 지닌 사내였다. 평소에도 그는 용모가 고운 축영대를 적지 않게 희롱을 하던 터였다. 축영대와 양산백의 은밀한 대화를 엿듣게 된 그가 어떤 행동을 보일지는 너무도 자명했다. 마문재는 축영대에게 엉뚱한 생각을 품게 되었다.

얼마 지나지 않아 축영대는 고향에 계신 부모님이 병환으로 몸져누웠다는 전갈을 받고 서둘러 고향으로 돌아가게 되었다. 양산백은 헤어지기 아쉬워하며 축영대를 멀리까지 전송했다. 축영대는 이번에 고향으로 돌아가면 항주로 다시 돌아오지 못할 수도 있다는 사실을 알고 있었다. 양산백과 작별하면서 축영대는 편지 한 통을 건넸다. 그 편지에는 달랑 일곱 글자가 적혀 있었다.

"이팔二八, 삼칠三七, 사륙四六, 정定."

열흘 뒤에 축영대의 고향집을 찾아와 청혼을 하라는 의미였다. 그런데 양산백은 이를 열흘, 열흘, 열흘을 합쳐서 한 달 뒤에 찾아와 청혼하라는 의미로 이해했다.

한 달을 기다려 설레는 마음으로 축영대를 찾아간 양산백은 마문재가 이미 축영대에게 청혼했고, 권세에 눈이 먼 축영대의 아버지는 이를 허락했다는 사실을 알게 되었다. 상심한 양산백은 집으로 돌아가 몸져누웠고 다시 일어나지 못했다. 눈을 감기 전에 양산백은 자신을 무성貿城의 서쪽 교외에 있는 소가도邵家渡의 산기슭에 묻어 달라고 하였다. 그곳은 축영대의 집에서 마문재의 집으로 가려면 반드시 거쳐야 하는 길목이었다. 양산백은 죽어서라도 축영대가 시집가는 모습을 보고 싶었던 것이다.

사랑하는 양산백이 세상을 떴다는 소식에 축영대는 목을 놓아 울었다. 한편, 마문재의 집안에서는 축영대의 집안에 혼례를 치르자고 거듭 재촉했다. 축영대의 부모도 축영대에게 마문재와 혼례를 치르라고 재촉했다. 축영대는 마침내 모든 것을 단념하고 양가 부모의 요구를 받아들였다. 하지만 한 가지 요구조건을 내걸었다. 소가도를 지날 적에 양산백의 무덤에 술을 한 잔 올리게 해 달라는 것이었다. 양가에서는 축영대의 마음이 변할까 염려하여 이를 허락했다. 사람들은 이것이 축영대가 세상을 버릴 결심을 한 것이라는 사실을 전혀 눈치 채지 못했다. 축영대는 양산백에게 술을 올리면서 비석에 머리를 부딪쳐 목숨을 끊을 생각이었다.

혼례를 치르던 날, 신부를 태운 배가 서서히 소가도에 다가섰다. 신랑 집안에서 온 사람들은 배를 강기슭에 대지 않고 빠르게 소가도를 지나칠 계획이었다. 그런데 뜻밖에도 회오리바람이 일더니 사납게 파도가 넘실댔다. 사람들은 갑작스런 바람과 파도를 피하고자 부득이 배를 강기슭에 댔다.

축영대는 말없이 뭍에 올라 양산백의 무덤으로 가더니 절을 하고 목을 놓아 통곡했다. 갑자기 하늘과 땅이 진동하면서 모래가 날리고 돌멩이가 나뒹굴었다. 사람들이 어쩔 바를 몰라 허둥대는 순간 무덤 앞쪽이 한 자가량 벌어지더니 축영대가 단숨에 그 틈으로 빨려 들어갔다. 그 순간 바람이 멎고 천지는 요동을 멈추더니 모든 것이 본래의 모습으로 돌아왔다.

그 후로 소가도의 산기슭에는 언제나 날개가 크고 아름다운 노란 색과 갈색의 나비 한 쌍이 날아 다녔다. 사람들은 노란 나비는 축영대의 화신이고 갈색 나비는 양산백의 화신으로, 그들이 생전에 뜻을 이루지 못했기에 죽어서 영원히 함께하는 것이라고 생각했다.

양산백과 축영대의 이야기는 영원히 변치 않는 사랑의 상징으로 전해진다.

18. 사람들이 말 많을까 두려워요

사람들이 말 많을까 두려워요
중자님 당신이 그리웁지만
사람들이 말 많을까
너무도 두렵기만 해요

畏人之多言외인지다언. 仲可懷也중가회야.
人之多言인지다언, 亦可畏也역가외야.

「정풍鄭風 장중자將仲子」

풀이

仲중 중자仲子. 작자의 연인 이름.
懷회 그리워함.

해설

「장중자將仲子」는 서로 사랑하는 연인이 남몰래 밀회하는 장면을 담은 작품이다.

작자는 중자라는 연인과 영원히 함께 지내기를 소망하지만 젊은 남녀가 남몰래 사랑하는 것은 당시의 예법에 어긋나는 것이었다. 남의 시선이 두려웠던 작자는 중자에게 자기 집 담장을 넘거나 담장 곁에 있는 나무에 올라가지 말라고 요구한다. 중자와의 밀회 때문에 그녀는 이미 부모님께 꾸중을 들었고, 이웃들의 입방아에도 오르내린 것이다.

이 작품에는 연인에 대한 그리움과 주위 시선에 대한 두려움 사이에서 고민하는 사랑에 빠진 한 여인의 심경이 잘 드러난다.

예화

이청조가 평생토록 유언비어에 시달리다

이청조李淸照는 중국문학의 역사에서 보기 드문 여류 사인詞人이다. 대가의 규수로서 풍부한 소양을 쌓은 이청조는 남들처럼 행복하게 살아갈 수도 있었지만, 그녀에게 주어진 현실은 그렇지 못했다. 이청조는 삶을 마감하는 순간까지도 줄곧 세상의 유언비어에 시달려야 했다.

이청조는 조명성趙明誠과의 신혼 시절부터 유언비어에 휘말렸다. 이청조의 부친 이격비李格非는 당시 조정에서 배격하던 원우당파元祐黨派에 연루되어 관직을 빼앗기고 멀리 유배되었다. 이청조는 이런 고충은 이겨낼 수 있었다. 하지만 이 일을 시아버지인 조정지趙挺之가 꾸몄다는 사실은 그녀를 견딜 수 없게 만들었다. 호사가들은 이 일에 대해 숱한 말을 지어냈고, 그것은 견딜 수 없는 고통이었다. 이청조는 조정지에게 시 한 수를 보내 부모와 자식 사이의 정리를 생각해 달라고 요청했다. 아들과 며느리 그리고 사돈의 체면을 생각해 더 이상 가족들을 상심케 하거나 남의 웃음거리가 되지 않게 해 달라는 것이었다. 당시 갓 들어온 며느리가 시아버지에게 편지를 올려 강경하게 요구한다는 것은 찾아보기 어려운 일이었다. 이 일화는 이청조가 명예를 소중히 여기는 사람이라는 사실을 보여주며 아울러 당시 유언비어가 그녀에게 얼마나 큰 상처를 주었는지를 잘 보여준다.

얼마간의 시간이 흐르자 이청조는 조용히 살아갈 수 있었다. 하지만 남편 조명성이 병으로 세상을 떠나자 다시 유언비어가 나돌았다. 조명성은 골동품 애호가였다. 누군가 그에게 진귀한 석호石壺 하나를 가져와 감정을 요구했는데, 얼마 후 조명성이 돌연 세상을 떠났다. 그러자 항간에는 조명성이 죽기 전에 사람을 시켜 석호를 금숲나라에 뇌물로 보냈다는 유언비어가 나돌았다. 당시에는 송나라와 금나라 사이에 치열한 전투가 벌어지고 있었다. 때문에 이런 유언비어는 충절에 관련된 중차대한 문제였다. 이청조는 항간의 이런 오해를 어떻게 풀어야 할지 막막했다.

얼마 후 이청조는 부부가 오랫동안 수집한 골동품을 싸들고 고종高宗 황제의 행렬을 따라 남쪽으로 피란길에 올랐다. 이청조의 의도는 이런 것이었다.

'나도 황제를 따라 피란길에 오른다. 골동품은 모두 나라에 헌납할 것이다. 그런데도 금나라와 결탁했다고 할 것인가?'

하지만 유언비어를 퍼뜨리는 사람들은 전혀 아랑곳하지 않았다. 이청조의 선택은 전혀 효과를 얻지 못했다. 그녀에게 돌아온 것은 만신창이가 된 몸과 마음뿐이었다.

서글프고 억울한 세월은 끝날 줄 몰랐다. 슬픔과 고단함에 지쳐 있던 이청조에게 장여주張汝舟라는 사람이 청혼을 했다. 그런데 이 일이 또다시 사대부들의 분노와 조소를 불러왔다. 게다가 장여주라는 사내는 인면수심의 악한이었다. 그가 진정 필요로 한 것은 이청조가 가진 골동품이었다. 신혼 초부터 장여주는 이청조에게 욕설을 퍼붓고 구타를 했다. 이청조는 견딜 수 없었고, 마침내 이혼을 요구했다. 당시 상황에서 아내가 먼저 이혼을 요구한다는 것은 상상조차 할 수 없는 일이었다. 설령 남편에게 이혼에 대한 명백한 책임이 있더라도 아내는 남편과 마찬가지로 2년 동안 옥살이를 해야 했다. 이청조는 이혼을 했지만 결국 옥고를 치렀다. 이 일로 이청조는 또다시 사람들의 비웃음에 시달려야 했다.

이청조는 만년에 「성성만聲聲慢」이라는 감상적 작품을 남겼다. 그녀의 일생을 살피고 나서 이 작품을 감상하면, 그녀의 생애에 있어 유언비어가 얼마나 큰 상처였는지 알 수 있다. 때문에 「장중자」에서 "사람들 말 많은 것이, 너무도 두렵기만 해요."라고 말한 것에서 우리는 작자가 겪은 고통이 몹시 컸다는 것을 짐작해 볼 수 있다.

19.
좋은 술에 맛난 안주 즐기며

좋은 술에 맛난 안주 즐기며
당신과 백년해로하고 싶어요
거문고와 비파가 주흥을 돋우니
얼마나 잘 어울리고 아름다운지

宜言飮酒의언음주, 與子偕老여자해로.
琴瑟在御금슬재어, 莫不靜好막부정호.

「정풍鄭風 여왈계명 女曰鷄鳴」

풀이

宜의 맛난 안주.
靜정 잘 어우러짐.
言언 어조사. 의미가 없음.
好호 아름다움. 유쾌함. 좋음.

해설

「여왈계명女曰鷄鳴」은 달콤한 삶의 한 장면을 정감 있게 담아 낸 작품이다.

작품의 전반부에 실린 내용은 이렇다. 이른 새벽에 눈을 뜬 젊은 부부는 자리에서 일어나고 싶지가 않다. 아내가 먼저 "새벽닭이 우네요."라고 말하자, 남편은 "아직 어두운걸!"하고 대꾸한다. 그러자 아내는 "하늘을 봐요. 새들이 날아다녀요. 물오리와 기러기를 잡아 오세요. 맛난 술안주를 만들지요. 이렇게 행복하게 살면서 함께 늙어요."라고 말한다.

인용된 시구에서 거문고를 타고 비파를 뜯는다고 언급한 것은 부부간의 금슬이 화목함을 드러내는 것이다. 소박하고 진지하고 자연스러운 표현 가운데서도 "당신과 백년해로하고 싶어요."라는 말은 세상 모든 연인들의 공통적인 소망을 담아낸 말이다.

예화

양홍이 맹광과 더불어 소박한 삶을 살다

동한東漢시대에 부풍扶風 평릉平陵에 양홍梁鴻이라는 사람이 있었다.

양홍은 집안 형편이 어려웠지만 열심히 공부하여 마침내 태학太學에 들어가게 되었다. 당시에는 태학에 들어가면 순탄한 앞날이 보장되었다. 더욱이 재주와 식견이 뛰어난 양홍은 장밋빛 미래를 꿈꿀 수 있었다.

하지만 성품이 맑은 양홍은 혼탁한 관료계의 모습을 접하면서 그들과는 어울리고 싶지 않다는 생각을 갖게 되었다. 그래서 그는 공부를 마치자 고향으로 돌아와 돼지를 키워 생활을 해결했다. 비록 가난한 생활이었지만 양홍은 조금도 개의치 않았다. 그는 틈틈이 공부도 게을리 하지 않았다.

한번은 양홍의 집에 불이 났다. 불은 바람을 타고 삽시간에 이웃집으로 번졌고, 이웃집에 상당한 손실을 입혔다. 양홍은 이웃집을 찾아가 정중히 사과하고 자신이 키우던 돼지를 건네 손실을 배상했다. 하지만 이웃집 사람은 몹시 불만스러워 했다.

"돼지 두 마리로 어떻게 손실을 메우겠소?"

양홍은 난처했다.

"제 형편을 잘 아시잖습니까? 집안에 값이 나갈 만한 물건이라고는 아무것도 없습니다. 그럼 이렇게 하지요. 제가 날마다 댁의 일을 거들어 손해를 갚겠습니다."

이웃집 사람은 양홍의 제안을 받아들였다. 이리하여 양홍은 날마다 아침부터 저녁까지 이웃집 일을 거들었다. 조금도 불평을 하거나 원망을 하지 않았다. 이웃집 노인은 양홍의 이런 모습에 자못 감동했다. 그는 자기 아들의 행위가 지나치다는 생각에 아들을 나무랐다. 그러자 아들도 민망한 생각이 들어 양홍에게 사과하고 돼지도 돌려주었다. 양홍은 그의 호의를 거절하고 집으로 돌아왔다.

어느덧 양홍은 결혼할 나이가 되었다. 마을 사람들은 그가 가난하기는 하지만 언젠가는 큰일을 할 사람이라고 여기고 자기 딸을 시집보내고 싶어했다. 청혼을 하러 양홍의 집을 찾는 사람들의 발길이 이어졌지만 양홍은 모두 거절했다.

당시 같은 마을에 맹광孟光이라는 아가씨가 있었다. 맹광은 얼굴이 추하고 마치 사내처럼 뭉툭한 몸매를 지닌 여자였다. 게다가 힘은 어찌나 좋은지 돌절구도 번쩍 들어올릴 정도였다. 마을 사내들은 아무도 맹광에게 눈길을 주지 않았다. 그런데도 맹광은 자신의 배필에 대해 까다로운 조건을 내세워 나이가 서른이 가깝도록 출가하지 못하고 있었다. 맹광의 아버지는 몹시 애가 탔다. 그는 딸에게 어떤 사람을 원하는지 물었다. 그러자 맹광은 이렇게 대답했다.

"양홍처럼 믿음직하고 학식이 있는 사람이 아니면 시집가지 않겠어요."

이 말이 알려지자 사람들은 모두 맹광을 비웃었다. 맹광의 아버지는 하는 수 없이 양홍을 찾아갔다. 양홍이 자기 딸을 마음에 들어 하지 않을 것이 분명하지만 말이라도 한번 꺼내보겠다는 심산이었다. 그런데 뜻밖에도 양홍은 맹광의 인품을 이해하고 청혼을 흔쾌히 받아들였다.

혼례를 치르던 날, 맹광은 연지와 분을 바르고 능라비단 옷을 입고 보석으로 아름답게 치장했다. 양홍은 그런 맹광을 거들떠보지 않았다. 그렇게 이레가 흘렀다. 마침내 맹광은 양홍에게 까닭을 물었다.

"무엇 때문에 이리도 냉대하십니까?"

그러자 양홍은 이렇게 대답했다.

"일부러 냉대하는 것은 아니오. 내가 생각했던 것과 달라서 실망한 것일 뿐이오. 사람은 누구나 나름의 의지가 있소. 내가 원하는 것은 동고동락할 아내요. 소박한 옷차림과 음식을 마다하지 않을 사람 말이요. 그런데 당신은 화려하게 치장을 하고 있으니, 어찌 나와 고생을 함께할 수 있겠소?"

맹광은 양홍의 말에 무척 기뻤다.

"당신은 진정 훌륭한 낭군이십니다. 제가 이렇게 치장한 것은 당신을 시험하려는 것이었어요. 당신이 진정 큰 뜻을 품고 계신지 말입니다. 이젠 안심이에요. 헌 옷은 지금도 가지고 있어요. 곧장 갈아입지요."

맹광은 헌옷으로 갈아입고 양홍과 함께 밭으로 갔다. 비로소 양홍은 환한 웃음을 지었다.

"이것이 나와 뜻을 함께하는 아내의 모습이오. 내가 꿈을 이루도록 도와주기에 충분하오."

훗날 난리가 일어나자 양홍 부부는 패릉산霸陵山으로 숨어들었다. 그곳에서 그들은 주경야독을 하며 살았다. 조정에서는 인품과 학식을 고루 갖춘 양홍을 불러 벼슬을 내리려고 하였다. 하지만 양홍은 조정의 탐관오리들과 함께 지내기를 원치 않았다. 그는 이름을 바꾸고 제로齊魯 지방으로 몸을 숨겼다가 다시 오吳 땅으로 들어가 남의 쌀을 찧어주며 생계를 이어나갔다.

양홍이 일을 마치고 집으로 돌아오면 맹광은 소박한 음식을 차려놓고 남편을 기다렸다. 양홍은 아내가 청빈한 생활을 함께 해 나갈 수 있다는 사실에 감사했다. 양홍 부부는 평생을 서로 존중하고 사랑하면서 살았다.

양홍과 맹광의 이야기는 「여왈계명」에서 "좋은 술에 맛난 안주 즐기며, 당신과 백년해로하고 싶어요. 거문고와 비파가 주흥을 돋우니, 얼마나 잘 어울리고 아름다운지."라는 시구와 잘 어울린다고 하겠다.

20. 씨를 뿌리지도 거두지도 않은 사람이

씨를 뿌리지도 거두지도 않은 사람이
어째서 삼백 섬을 얻는단 말인가?
숲을 돌보지도 사냥을 하지도 않은 사람이
어째서 오소리를 마당에 걸어둔단 말인가?
저기 저 사람들은 절대로 공밥을 먹지 않으리라!

不稼不穡불가불색, 胡取禾三百廛兮호취화삼백전혜?
不狩不獵불수불렵, 胡瞻爾庭有縣貆兮호첨이정유현훤혜?
彼君子兮피군자혜, 不素餐兮불소찬혜!

「위풍 魏風 벌단 伐檀」

시경 이야기 119

> 풀이

稼가 밭을 갈고 씨를 뿌림.
胡호 어째서.
瞻첨 쳐다봄.
狟훤 오소리.
彼피 진정한 군자를 가리키는 말. 탐욕한 통치자들과 대비시킨 것.
素소 공짜.
穡색 수확함.
廛전 '전纏'과 같음. 묶음.
縣현 '현懸'과 같음. 달아맴.

해설

「벌단伐檀」은 고단한 벌목을 하는 벌목공이 지배계층의 압박과 착취에 대한 분노를 담아낸 작품이다.

「벌목」은 모두 3장으로 구성되었는데, 각 장의 첫머리에서는 벌목공의 벌목 장면을 묘사하고 있다. 벌목공들은 비 오듯 땀을 흘리며 열심히 나무를 찍어 강가에 쌓는다. 맑은 시냇물은 하염없이 넘실댄다. 이어서 작자는 지배계층을 향해 당신들은 왜 일하지 않고 얻느냐며 노골적인 의문을 제기한다. 불길처럼 타오르는 벌목공의 분노를 엿볼 수 있다.

예화

석숭이 부당하게 모은 재물로 사치를 누리다

서진西晉의 석숭石崇은 자가 계륜季倫이며 어릴 적 이름은 제노齊奴이다. 석숭의 부친 석포石苞는 서진의 개국공신으로 사도司徒라는 고관을 지낸 인물이었다. 석숭은 석포의 여섯째 아들로 남중낭장, 형주자사, 영남만교위의 벼슬을 지냈다.

석숭은 형주자사로 재임하는 동안 재물을 착취해 엄청난 부를 모았다. 재물을 모으자 한껏 오만해진 그는 항상 남과 부유함을 다투었다. 석숭의 사치함은 상상을 초월할 정도였다. 『진서晉書』에 따르면, 석숭은 무제武帝의 장인 왕개王凱와 사치를 겨루었는데, "왕개가 자사포紫絲布로 40리에 걸쳐 보장步障을 만들자, 석숭은 비단으로 보장을 만들어 대항했다."고 한다. 보장은 대나무를 세워서 친 장막의 일종이다.

황제의 장인조차 석숭을 능가하지 못하자 무제는 자신의 체면이 구겨진다며 은밀히 왕개를 도왔다. 한번은 무제가 왕개에게 매우 진귀한 산호수珊瑚樹 한 그루를 내렸다. 산호수는 나뭇가지 모양으로 생긴 산호로, 당시 무척 진귀한 물건이었다. 왕개가 그것을 석숭에게 자랑하자 석숭은 쇠방망이로 산호수를 내리쳐 부러뜨렸다. 왕개가 화를 내자 석숭은 이렇게 말했다.

"화낼 필요 없소. 내가 더 좋은 것을 드리리다."

석숭은 하인을 시켜 창고에 보관한 산호수를 가져오게 했다. 키가 네 자를 넘는 것이 예닐곱 그루나 되었고, 그보다 작은 것은 수두룩했다. 왕개는 부끄러워 어쩔 줄을 몰랐다.

석숭의 사치함은 끝이 없었다. 그는 심지어 화장실조차도 아주 화려하게 치장했다. 진귀한 향료를 바닥에 뿌리고, 화려하게 차려 입은 시녀에게 시중을 들게 했으며, 화장실에 다녀오면 반드시 새 옷으로 갈아입었다. 석숭의 화장실은 명문가의 거실보다도 더 화려했다. 이 때문에 우스운 일이 벌어지기도 했다.

우광록대부 유실劉實이 석숭의 집을 방문했을 때의 일이다. 유실은 화장실에 들어갔다가 그곳에 화려한 침대가 놓여 있고, 시녀 두 명이 향주머니를 들고 서 있는 모습에 깜짝 놀라 밖으로 뛰쳐나왔다. 그는 황급히 석숭에게 사과했다.

"정말 송구합니다. 그만 내실에 잘못 들어갔습니다."

석숭은 아무렇지도 않게 말했다.

"거긴 화장실이오."

하지만 너무 화려한 화장실을 이용할 수 없었던 유실은 결국 다른 곳을 찾아 용변을 해결했다.

석숭은 성품이 잔인한 사람이었다. 그의 잔인한 성품은 사치를 추구하는 마음과 어우러져 상식적으로는 이해할 수 없는 짓을 종종 저질렀다. 석숭은 연회를 열면 항상 미녀들에게 손님의 술시중을 들게 했다. 만약 손님이 술잔을 비우지 못하면, 시중을 드는 미녀를 죽였다.

하루는 왕도王導가 친척 형인 왕돈王敦과 함께 석숭의 집을 찾았다. 석숭은 미녀에게 그들의 술시중을 들게 했다. 왕도는 미녀가 죄 없이 죽임을 당하는 것을 차마 볼 수 없어서 억지로 술잔을 비웠다. 하지만 왕돈은 달랐다. 왕돈은 석숭과 마찬가지로 성품이 잔인한 사람이었다. 그는 일부러 술을 마시지 않았다. 그는 덤덤한 표정으로 석숭이 미녀를 무려 세 명이나 죽이도록 내버려두었다. 그런 광경을 차마 보고만 있을 수 없었던 왕도는 왕돈에게 술잔을 비우라고 권했다. 하지만 왕돈은 이렇게 말했다.

"자기 집 사람을 죽이는데 무슨 상관인가?"

만년에 석숭은 많은 가기歌妓들을 주변에 두었다. 그 가운데 녹주綠珠라는 기녀가 특히 석숭의 총애를 받았다. 녹주는 용모가 뛰어났고 피리를 잘 불었다. 당시는 팔왕八王의 난이 벌어진 상황이었다. 팔왕 가운데 한 사람인 조왕趙王 윤倫이 녹주가 용모가 뛰어나다는 소문을 듣고 부장 손수孫秀를 보내 녹주를 데려오게 했다. 하지만 석숭은 녹주를 빼앗기지 않으려고 손수에게 저항했다. 그러는 사이에 녹주는 건물에서 뛰어내려 스스로 목숨을 끊었다. 결국 석숭은 붙잡혀 옥에 갇히는 신세가 되었다. 석숭은 이렇게 한탄했다.

"우리 집에 있는 재물을 보시게!"

그 말에 옥졸이 석숭을 비웃었다.

"재물은 화를 부른다는 사실을 모르시오? 왜 진작 없애 버리지 않았소?"

석숭이 강탈해 모은 엄청난 재산은 결국 그에게 죽음을 가져왔을 뿐 아니라 열다섯 명에 달하는 그의 가족들도 모조리 죽임을 당했다.

21. 땔나무를 동이고 나니

땔나무를 동이고 나니
삼성이 하마 반짝이네
오늘 밤은 어인 밤인가
이 좋은 임을 만났으니

綢繆束薪주무속신, 三星在天삼성재천.
今夕何夕금석하석, 見此良人견차양인.

「당풍 唐風 주무 綢繆」

풀이

綢繆주무 동여맴.
三星삼성 별자리 이름. '삼성參星'.
良人양인 좋은 임.
束薪속신 한 단씩 묶어놓은 장작.

해설

「주무綢繆」는 혼기를 놓친 가난한 집 딸이 뒤늦은 혼례를 올린 첫날밤 신랑에게 이야기하는 형식으로 쓰여진 작품이다.

이 작품은 마치 꿈을 꾸는 것만 같은 환상적 분위기를 보여 준다. 반짝이는 별빛 아래 젊은 사내는 땔감을 동여맨다. 잠시 고개를 든 사내는 사랑하는 사람이 곁에 다가와 미소 짓는 모습을 본다. 뜻밖의 기쁨에 사내는 잠시 어리둥절해져 자신에게 묻는다. "이것이 꿈인가? 정녕 생시인가?" 이 구절을 읽노라면 그윽한 달빛 아래 서 있는 것 같은 느낌이 든다.

예화

우랑과 직녀가 칠석에 은하수를 건너 재회하다

작은 산골 마을에 우랑牛郞이라는 마음 착한 젊은이가 있었다. 그는 어려서 부모님을 여의고 형님 부부와 함께 살았다.

우랑의 형수는 인색하고 마음씨가 험악한 사람이었다. 마음씨 착한 우랑은 열심히 일했지만 형수는 늘 그를 못마땅하게 여겼다. 우랑을 잘 보살피던 형도 아내의 이간질로 점점 우랑을 못마땅하게 여겼다. 우랑이 장성하자 형은 우랑을 분가시켰다. 형수는 형을 부추겨 자신들이 땅과 집을 모두 차지하고 우랑에게는 황소 한 마리만을 주었다.

우랑의 형님 내외는 자신들이 훨씬 이득을 보았다고 여겼다. 하지만 그들이 모르는 것이 있었다. 우랑에게 준 황소는 보통 소가 아니었다. 그것은 금우성金牛星의 화신으로, 옥황상제의 법을 어겨 인간 세상으로 쫓겨나 소가 된 것이었다. 황소는 마음씨 착한 우랑이 농락당하자 우랑을 돕기로 마음을 먹었다.

하루는 우랑이 황소에게 풀을 뜯기고 있었다. 갑자기 황소가 입을 열더니 이렇게 말했다.

"동쪽 산기슭에 호수가 있어요. 날마다 해질 무렵이면 일곱 선녀가 그곳에 내려와 목욕을 한답니다. 선녀의 옷을 훔치세요. 그러면 옷을 잃어버린 선녀는 하늘로 올라가지 못하고 남아서 당신의 아내가 될 겁니다."

우랑은 황소의 말을 반신반의했다. 저녁이 되자 우랑은 한참을 망설이다 호숫가를 찾아가 바위 뒤에 몸을 숨겼다. 노을이 지자 과연 일곱 명의 아름다운 선녀가 하늘에서 내려와 목욕을 하였다. 선녀들은 서로를 언니 동생하며 불렀다. 우랑이 보기에 선녀들 가운데서도 막내 선녀가 가장 아름다웠다. 우랑은 막내 선녀의 옷을 몰래 숨겼다.

막내 선녀는 목욕을 끝내고서야 비로소 자기 옷이 감쪽같이 사라졌다는 사실을 알게 되었다. 다른 선녀들은 모두 하늘로 돌아갔다. 혼자 남은 막내 선녀는 울음을 터뜨렸다. 이때 우랑이 옷을 들고 나타나 황소가 일러준 대로 선녀에게 이렇게 말했다.

"내 아내가 되어 준다면 옷을 돌려드리겠소."

선녀는 우랑이 진실한 사람이라는 것을 알고 부끄러운 표정을 지으며 우랑의 제의를 받아들였다.

세상에 남겨진 막내 선녀는 서왕모西王母의 외손녀였다. 그녀는 길쌈에 뛰어나 직녀織女라 불렸다. 우랑과 결혼한 직녀는 귀여운 아들과 예쁜 딸을 낳았다. 우랑 부부는 농사를 짓고 길쌈을 하며 행복하게 살아갔다. 하지만 슬픈 일이 벌어졌다. 듬직하던 황소가 세상을 떠난 것이었다. 황소는 죽기 전에 우랑에게 신신당부했다.

"내가 죽거든 내 가죽을 잘 보관했다가 급한 일이 생기면 요긴하게 쓰시오."

직녀가 인간 세상의 평범한 사내에게 시집갔다는 소식이 알려지자 옥황상제는 진노했다. 옥황상제는 서왕모를 보내 직녀를 잡아오게 했다. 일을 마치고 집으로 돌아온 우랑은 직녀가 잡혀간 사실을 알고 두 자녀와 함께 통곡했다. 순간 우랑은 황소가 세상을 떠나며 남긴 말이 떠올랐다. 우랑은 두 자녀를 어깨에 올리고 소의 가죽을 뒤집어썼다. 그러자 기적이 일어났다. 갑자기 우랑의 몸이 허공으로 둥실 떠오르더니 이내 서왕모의 뒤를 쫓았다. 다급해진 서왕모는 머리에 꽂고 있던 금비녀를 뽑아 크게 허공을 갈랐다. 그러자 우랑의 눈앞에 파도가 넘실대는 은하수가 펼쳐졌다. 은하수는 우랑과 직녀를 서로 다른 쪽으로 갈라 놓았다. 서왕모가 말했다.

"은하수가 말라붙으면 너희들이 다시 만날 수 있다."

서왕모의 말에 우랑과 두 자녀는 밤낮으로 쉬지 않고 은하수의 물을 퍼냈다. 은하수를 말라붙게 하여 온 가족이 다시 만나려는 염원 때문이었다. 하지만 어떻게 은하수를 마르게 할 수 있겠는가? 모두가 허사라는 생각에 우랑과 두 자녀는 은하수 옆에 앉아 목을 놓아 울었다. 직녀도 은하수 저편에서 흐느꼈다. 그들의 울음소리는 옥황상제에게 전해졌다. 옥황상제는 우랑의 두 아이가 우는 모습이 너무도 가련해 이렇게 말했다.

"해마다 7월 7일에 너희 가족들이 한 번씩 만나도 좋다."

이로부터 해마다 칠석七夕이 되면 까마귀들이 하늘로 올라가 다리를 만들어 우랑과 직녀의 가족이 은하수를 건너 재회할 수 있게 해 주었다. 칠석날 저녁에 많은 비가 내리는 것은 견우와 직녀가 흘리는 재회의 눈물 때문이라고 한다. 아마도 해마다 칠석날에 단 한 번 얼굴을 마주할 수 있는 우랑과 직녀도 분명 "오늘 밤은 어인 밤인가? 이 좋은 임을 만났으니!"라며 감탄할 것이다.

22.
우리 님이 그리워요

우리 님이 그리워요
따스하기 옥과 같지요
오랑캐 판잣집에 계실까
내 마음이 산란하네요

言念君子언념군자, 溫其如玉온기여옥.
在其板屋재기판옥, 亂我心曲란아심곡.

「진풍 秦風 소융 小戎」

풀이

君子군자 작자의 남편을 가리킴. 溫은 따스함.
板屋판옥 서융西戎에는 널빤지로 집을 짓는 풍속이 있었는데, 여기서 '판옥'은 서융을 가리킴.

해설

「소융小戎」은 전쟁터에 나간 남편을 그리워하는 여인의 마음을 노래한 작품이다.

주周나라 평왕平王 5년인 기원전 766년, 진秦나라 양공襄公은 지금의 감숙성甘肅省 일대에 자리 잡고 있던 서융西戎을 정벌했다.

작품에서 작자는 먼저 남편이 얼마나 좋은 사람인지 이야기하고, 이어서 서융의 전통 가옥인 판잣집을 언급하여 남편이 싸우러 나간 곳이 고향과는 전혀 다르다는 사실을 함축적으로 보여준다. 서융의 황량한 모습과 남편이 겪을 고초가 떠오른다.

"우리 님이 그리워요, 따스하기가 옥과 같지요. 오랑캐 판잣집에 계실까, 내 마음이 산란하네요."라는 이 구절은 『시경』에서도 널리 알려진 구절이다.

예화

맹강녀가 남편을 찾아 천리 길을 떠나다

어느 산골 마을에 강씨姜氏 부부와 맹씨孟氏 부부가 살고 있었다. 맹씨네와 강씨네는 다정한 이웃으로 지냈다. 그런데 안타깝게도 맹씨네는 나이가 들도록 자식이 없었다. 이는 맹씨네를 우울하게 만들었고, 부부는 꿈속에서도 자식을 얻게 되기를 기원했다.

어느 봄날, 맹씨네는 마당 한 모퉁이에 호로과 한 그루를 심었다. 부부는 날마다 물을 주었고, 호로과는 무럭무럭 자라 담장을 타고 올라가더니 강씨네 마당까지 뻗어 나갔다. 강씨네는 호로과가 잘 자라게 지지대를 세워 주었다.

어느덧 호로과는 꽃을 피웠다. 시렁을 타고 활짝 핀 하얀 꽃은 너무도 아름다웠다. 그런데 이상하게도 꽃은 무성하게 피었는데도 열매는 유독 강씨네 마당에서 하나만 맺었다. 가을이 되자 호로는 작은 항아리만큼 커졌다. 맹씨 부부가 호로를 따서 가르자 신기하게도 거기에서 계집 아이 하나가 기어 나왔다. 호로가 강씨네 마당에서 자랐기에 맹씨 부부는 아이의 이름을 '맹강녀孟姜女'라고 지었다.

맹강녀는 무럭무럭 자라 아름다운 아가씨로 성장했다. 맹씨네는 맹강녀를 순박하고 재주 많은 범희량范喜良이라는 청년에게 시집보냈다. 맹강녀와 범희량은 다정하게 살았다. 하지만 즐거운 시절은 오래가지 못했다. 맹강녀가 결혼을 한 지 얼마 지나지 않아 그들에게 시련이 닥쳤다. 당시 진시황秦始皇은 만리장성을 쌓느라 전국에서 수많은 사람들을 징발했다. 범희량도 이를 피할 수 없었다. 젊은 부부는 헤어짐이 아쉬웠지만 황제의 명령을 어길 수는 없었다. 범희량은 슬픔을 안고 집을 떠났다.

남편이 떠난 이후로 맹강녀는 날마다 남편이 하루빨리 돌아오기만을 기다렸다. 하지만 오랜 시간이 지나도록 사랑하는 남편에게서는 아무런 소식조차 없었다. 어느덧 계절이 바뀌어 가을이 되었다. 바람은 날로 차가워졌다. 맹강녀는 문득 범희량이 여름옷 차림으로 집을 떠났다는 사실이 떠올랐다. 북녘 땅의 늦가을은 추울 것임에 분명했다. 맹강녀는 서둘러 두터운 솜옷을 지었다. 그리고 천리 멀리 있는 남편에게 겨울옷을 전하기 위해 홀로 길을 나섰다.

여태껏 한 번도 집을 멀리 떠나본 적이 없던 그녀로서는 남편을 찾아가는 길이 매우 힘들었다. 하지만 맹강녀는 자신의 육체적 고통에는 아랑곳하지 않았다. 오직 남편 범희량의 건강이 걱정스러울 뿐이었다. 남편이 홑옷을 입고 차가운 북풍한설 속에서 벌벌 떨고 있는 모습이 눈앞에 어른거렸다. 맹강녀의 마음은 천 갈래 만 갈래 찢어졌다. 맹강녀는 발바닥이 부르터 피가 흘러내렸지만, 북쪽으로 발길을 재촉했다.

천신만고 끝에 맹강녀는 장성을 쌓는 공사현장에 도착했다. 맹강녀는 장성을 쌓고 있는 인부들을 한 사람씩 살폈지만 남편의 모습은 좀체로 보이지 않았다. 맹강녀는 조바심이 났다. 그녀는 사람들을 붙잡고 남편의 소재를 물었다. 마침내 남편에 대해 알고 있는 사람을 만나게 되었지만 그는 맹강녀에게 청천벽력과도 같은 소식을 전했다.

"그는 이미 이 세상 사람이 아니오. 시신은 방금 쌓은 저 장벽 아래에 묻혀 있소."

맹강녀는 정신을 잃고 쓰러졌다. 잠시 후 정신을 차린 맹강녀는 슬픔에 겨워 울부짖었다.

"오랜 기다림과 설렘이 가져온 결과가 고작 이런 것이란 말인가? 남편에 대한 그리움 하나로 천리 먼 길을 찾아왔는데, 남편을 만나기는커녕 시신조차 찾을 수 없다니!"

맹강녀는 울고 또 울었다. 맹강녀의 울부짖음에 함께 있던 사람들도 모두 눈물을 흘렸다.

그때 갑자기 "와르릉!"하는 소리가 들리더니 방금 쌓은 성벽이 무너지며 묻혀 있던 시신 한 구가 모습을 드러냈다. 맹강녀가 달려가 살펴보니 틀림없는 남편의 시신이었다. 온몸에 생선비늘 같은 상처가 가득했지만 자신의 남편임에 틀림없었다.

맹강녀와 범희량은 서로 깊이 사랑했다. 하지만 그들은 「소계」에 나오는 부부처럼 통치자의 명령 때문에 헤어져야만 했다. 맹강녀가 남편을 찾아간 이야기가 오래도록 전해진 것은 안정된 삶에 대한 옛사람들의 큰 갈망을 보여주는 것이다. 또한 예전에는 이런 소박한 소망조차도 실현되기 쉽지 않았음을 보여주는 것이기도 하다.

23. 갈대는 푸릇푸릇 이슬은 서리 되었네

갈대는 푸릇푸릇
이슬은 서리 되었네
내 마음속 그 사람은
강 저편에 있다네
강물 거슬러 올라가니
길은 험하고 멀기만 하네
거슬러 헤엄쳐 찾아가니
물 한가운데서 어른거려

蒹葭蒼蒼겸가창창, 白露爲霜백로위상;
所謂伊人소위이인, 在水一方재수일방.
遡洄從之소회종지, 道阻且長도저차장;
遡游從之소유종지, 宛在水中央완재수중앙.

「진풍秦風 겸가蒹葭」

풀이

蒹葭겸가 조롱박.　　　　**遡洄**소회 거슬러 흐름,

해설

「겸가蒹葭」는 사모하는 이를 그리워하지만 만나지 못하는 안타까운 마음을 담아낸 작품이다. 이 작품은 『시경』 가운데서도 불후의 명작으로 꼽히는데, 여기에 인용한 시구는 예로부터 많은 사람들의 칭송을 받았다.

작자는 첫머리에서 "갈대는 푸릇푸릇, 이슬은 서리 되었네."라며 쓸쓸한 분위기를 연출하면서 밤낮으로 그리는 사람을 떠올린다. 하지만 그리운 이는 아득히 멀리 있기에 만날 수가 없다. 작자의 마음속의 그리움과 실망감을 함께 엿볼 수 있다. 하지만 작자는 이런 실망감을 말로 표현하지 않고 주변 환경을 그려냄으로써 간접적으로 보여주는데, 이런 수법은 작품을 더욱 의미심장하게 만든다.

예화

최호가 묘령의 아가씨와 이룰 수 없는 사랑에 빠지다

당唐나라의 최호崔護는 박릉博陵 출신으로, 문학적 재능이 뛰어난 인물이었다.

젊은 시절 최호는 자신만만하게 과거에 응시했지만, 운명은 그의 꿈을 잔인하게 짓밟고 말았다. 재주와 학문이 뛰어났던 그는 과거에 낙방하자 큰 충격을 받았다. 상심한 그는 홀로 교외로 나갔다. 마침 청명절이어서 산수의 경치를 보면서 울적한 마음을 달래볼 셈이었다.

최호는 도성의 남쪽 교외를 걷고 있었다. 눈앞에 넓은 복숭아나무 숲이 펼쳐졌다. 만발한 복사꽃은 분홍의 바다와도 같았다. 진한 꽃향기가 과거에 낙방한 그의 실의를 달래주었다. 한참을 그렇게 걷다 보니 입이 마르고 목이 탔다. 최호는 인가를 찾았다. 멀리 복숭아나무 숲 너머에 인가가 보였다.

최호가 다가가 대문을 몇 번 두드리자 한 묘령의 아가씨가 나왔다. 그녀를 보는 순간 최호는 자신의 눈을 의심했다. 깨끗한 옷차림에 단아한 용모를 한 아가씨는 주변의 복사꽃과 어우러져 마치 천상의 선녀라도 되는 것처럼 보였다. 최호는 우두커니 서서 아무런 말도 하지 못했다. 최호를 본 아가씨도 부끄러웠는지 볼에 홍조를 띠었다. 잠시 침묵이 흐른 뒤에 아가씨가 먼저 말문을 열었다.

"무슨 일이신지요?"

최호는 비로소 정신을 차렸다.

"목이 마르니 물 한 사발 주시오."

아가씨는 최호에게 차 한 잔을 달여 주었다. 차를 마시면서도 최호의 관심은 온통 아가씨에게 쏠려 있었다. 그는 무슨 말이든 건네고 싶었지만 좀체 입이 떨어지지 않았다. 아가씨도 자기 앞에 있는 최호에게 호감을 느꼈지만, 바로 쳐다보지는 못했다. 잠시 후 두 사람은 서로 눈빛이 마주쳤고, 모두 얼굴이 붉어졌다. 최호는 차를 모두 비우고도 떠날 생각을 하지 않았다. 아가씨도 말은 없었지만 그가 더 머물러 있기를 바라는 눈치였다. 두 사람은 어색하게 대화를 나누었고, 함께 마당 앞에 펼쳐진 복사꽃을 바라보았다.

이 일이 있은 뒤 최호는 고향으로 돌아갔다가 일 년이 지나 다시 도성을 찾았다. 고향에 있는 일 년 동안 최호는 더욱 열심히 공부에 매달렸다. 하지만 책을 내려놓기만 하면 아가씨의 얼굴이 눈앞에 어른거렸다. 다시 도성을 찾은 최호는 서둘러 아가씨의 집을 찾아 나섰다.

일 년 전과 마찬가지로 그곳에는 아름다운 복사꽃이 만발해 있었다. 최호는 꿈속에서 몇 번이나 찾아왔는지도 모를 예전의 그 집으로 달려가 대문을 두드렸다. 잠시 후 대문이 열리더니 지팡이를 짚은 늙은 사내가 모습을 드러냈다.

"갈증이 나서 그러니 물 한 사발만 주시오."

물을 얻어 마시자는 핑계로 최호는 집안에 들어섰다. 집안 모습은 예전 그대로였다. 하지만 아무리 둘러봐도 아가씨의 모습은 보이지 않았다. 최호는 늙은이에게 물었다.

"이 댁에 아가씨가 있지 않소?"

"나는 그 아이의 아비라오. 작년 청명절 이후로 아이가 식음을 전폐하더니 몇 달 만에 세상을 뜨고 말았소."

최호는 그 자리에서 얼어붙고 말았다.

최호는 자신이 그 집에서 어떻게 나왔는지도 알 수 없었다. 그저 흐르는 눈물만이 앞을 가렸다.

'꼬박 일 년 동안이나 밤낮으로 재회를 그렸거늘 어떻게 이런 일이 있을 수 있단 말인가?'

그때 복사꽃 사이로 아가씨의 웃는 얼굴이 나타났다. 하지만 정신을 차리고 살펴보니 그것은 바람에 흔들리는 복사꽃이었다. 상심한 최호는 불현듯 시상詩想이 떠올랐다. 메고 있던 서낭書囊을 펼쳐 보니 붓과 먹이 들어 있었다. 최호는 아가씨의 집 대문에 「도성의 남쪽 마을에서」라는 작품을 썼다.

지난 해 오늘 이 집에는
사람과 복사꽃이 어우러졌는데
이제 사람은 떠나가고
복사꽃만 봄바람 속 웃고 있구나

 최호는 이 작품에 사랑을 잃어버린 실망감, 그리고 형언할 수 없는 슬픔을 담았는데, 「겸가」와도 분위기가 잘 어울린다고 하겠다.

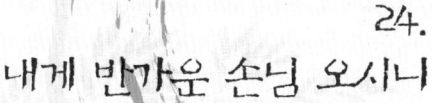

24.
내게 반가운 손님 오시니

사슴은 메에 메에 울며
들판에서 풀을 뜯고
내게 반가운 손님 오시니
비파를 뜯고 피리를 부네

呦呦鹿鳴유유록명, 食野之苹식야지평.
我有嘉賓아유가빈, 鼓瑟吹笙고슬취생.

「소아小雅 녹명鹿鳴」

풀이

呦呦유유 사슴이 우는 소리.
苹평 들풀. 일설에는 쑥 또는 꽃창포라고 함.
我아 주인의 자칭. **嘉賓**가빈 초대한 손님.

해설

「녹명鹿鳴」은 「소아」의 첫 번째 작품으로, 주周나라 천자, 제후, 귀족이 연회를 할 적에 사용한 노래이다. 전체 작품에는 주인과 손님이 술을 권하고 즐겁게 대화하는 모습을 담았다.

여기에 인용한 "사슴은 메에 메에 울며 들판에서 풀을 뜯고, 내게 반가운 손님 오시니 비파를 뜯고 피리를 부네."라는 구절은 예로부터 자주 사람들의 입에 오르내리던 구절이다. 하지만 새로운 의미를 약간 가미했는데, 주로 예를 갖추어 선비를 대우하고, 훌륭한 인재를 찾으려 애쓰는 마음을 묘사할 적에 사용하였다.

예화

조조가 오직 재능에 따라 인재를 발탁하다

한漢나라 말기에 이르러 천하는 크게 어지러워졌다. 황건黃巾의 무장 봉기가 일어났고, 뒤이어 제후들이 할거割據하는 상황이 펼쳐졌다. 한나라 왕실은 점차 쇠락해 갔다.

조조曹操는 야심가였다. 그는 어지러운 상황을 보면서 자신의 힘을 쌓아 패업霸業을 이루겠다는 야심을 품었다. 동탁董卓의 난이 일어나자 조조는 고향 진류陳留로 돌아가 군사와 마필을 모으고 유능한 인물들을 불러들였다. 조조는 자신을 낮추고 재주 있는 사람들을 예우하는 능력이 뛰어나 사방에서 많은 인재들이 모여들었다.

한번은 누군가 조조에게 곽가郭嘉라는 스무 살의 젊은이를 추천했다. 조조는 곽가를 만나자 이렇게 물었다.

"그대는 지금 원소袁紹의 진영에서 내게로 넘어왔소. 사람들은 원소가 훌륭한 인재들을 적지 않게 모았다고 하는데, 그것이 사실이오?"

"원소는 사람의 문벌과 경력을 중요하게 여깁니다. 때문에 그에게 중용된 자들은 대개 친척이나 동문의 자제들이 많습니다. 저처럼 비천한 출신은 애당초 안중에 두지도 않습니다."

그런데 곽가가 밝힌 이런 상황은 당시에는 매우 보편적이었다. 한나라 왕조는 관리를 선발함에 있어서 '찰거察擧'와 '징벽徵辟'의 방법을 사용했다. 이는 지방 호족이 덕행이 있는 인물을 추천하면 관청에서 임용하는 방식으로, '효렴孝廉'으로도 불렸다. 그런데 지방 호족들은 자기 세력을 확장하기 위해 친척이나 친구의 자제를 추천하기가 일쑤였다. 때문에 그들은 조정의 관직 대부분을 농단했고, 심지어 세습하기까지 했다. 이와 같은 인재 등용 제도는 오직 문벌만을 따졌을 뿐 재능은 중요하게 여기지 않았다. 따라서 출신배경이 좋은 사람은 별다른 노력 없이도 고관에 오를 수 있었지만, 출신배경이 미천한 사람은 재주가 있어도 그것을 펼칠 기회를 얻기가 매우 어려웠다.

곽가는 천하의 형세를 날카롭게 꿰뚫고 있었고, 반란을 진정시키고 패업霸業을 이룩하는 것에 대해 나름의 보관을 갖고 있었다. 조조는 그런 곽가에게 매우 감탄했다.

"이런 젊은이는 실로 보기 드문 인재다!"

조조는 원소와는 달리 문벌로 사람을 논하지 않았다. 조조는 그 자리에서 곽가에게 사공군좨주의 직책을 내렸다. 이후 조조는 곽가와 한 자리에 앉고, 말머리를 나란히 하고 걸었으며, 중요한 군사 행동에는 늘 곽가의 의견을 들었다. 곽가도 자신을 알아주는 조조의 은혜에 보답하고자 열성을 다해 계책을 내놓았다. 곽가의 계책은 조조가 원소를 소탕하고 북방을 평정하는 데에 큰 도움을 주었다. 훗날 곽가는 행군 도중에 전염병에 걸려 세상을 떠났는데, 조조는 이를 매우 슬퍼했다. 당시 조조는 수하들에게 이렇게 말했다.

"우리들 가운데 곽가가 가장 젊어서 나는 뒷일을 그에게 맡길 생각이었다. 그런데 뜻밖에도 그가 먼저 세상을 떠났으니 어찌해야 좋겠는가?"

또 적벽赤壁에서 패배를 당하자 조조는 통곡하며 이렇게 말했다.

"만약 곽가가 살아 있었다면 나는 결코 참패하지 않았을 것이다."

조조의 휘하에는 투항해 온 장수들이 많이 있었다. 그들 가운데 서황徐晃이나 장료張遼 같은 장수는 군사적 재능이 뛰어났지만 곽가처럼 큰일을 해낼 동량은 아니었다. 하지만 조조는 그들을 함부로 대하지 않았으며, 중요한 순간에 그들을 중용했다. 조조는 한중漢中을 정벌하러 떠나면서, 손권孫權이 중원中原을 기습할 것에 대비해, 장료에게 7천 명의 병력을 주어 합비合肥를 지키게 했다. 예상대로 손권은 10만 명의 군사로 합비를 공격했다. 장료가 정면으로 맞서기란 중과부적이었다. 장료는 이런 사실을 알고 손권의 군사가 전열을 갖추기 전에 선제공격을 가했다. 이른 새벽, 그는 8백 명의 정예병을 거느리고 손권의 군사를 기습했다. 장료는 앞장서서 용감하게 상대를 무찔렀고, 혼란에 빠진 손권의 군사는 허둥대며 맞섰다. 싸움은 한낮까지 격렬하게 계속되었고, 결국 손권은 군사를 퇴각시켰다. 이 전투로 장료는 강남 지방에서 큰 명성을 얻게 되었다.

당시 그의 이름을 들으면 울던 아이도 울음을 그쳤다고 한다.

210년 봄, 조조는 「구현령求賢令」을 내놓으며 이렇게 말했다.

"예로부터 개국의 군주나 중흥의 군주로 현인이나 군자의 도움에 의지하지 않은 사람이 있었던가? 인재는 우연히 만나는 것이 아니라 세심하게 찾아야 하는 것이다. 아직 천하가 평정되지 못했으니 시급히 현능한 인물을 찾아야 한다."

이어서 조조는 옛 사례를 거론하며, 세상을 다스릴 재주를 가진 인물은 반드시 효렴孝廉의 덕행을 갖춰야 하는 것은 아니며 실질적 능력만을 따지면 되니, 그런 인물을 찾아 추천하고 기용해야 한다고 말했다. 이것이 바로 조조의 유명한 "유재시거 唯才是擧", 즉 "오직 재능에 따라 발탁한다"는 인재등용의 관념이다. 조조의 이런 생각은 한나라 이래로 덕행과 문벌을 중시하던 기존의 관념을 타파하고, 매몰되어 있던 인재들이 대거 재능을 발휘할 수 있는 기회를 주었다. 그리하여 조조의 문하로 많은 인재들이 모여들었고, 그들의 보필에 힘입어 조조는 패업을 이룩할 수 있었던 것이다.

조조는 「단가행短歌行」이라는 유명한 시를 남겼다. 이 작품에서 조조는 『시경』 「녹명」의 구절을 인용하여 유능한 인재의 발굴에 목말라하는 자신의 심정을 담아냈다.

술 마시며 노래하세

우리 인생 살면 얼마나 산다고

아침 이슬과 같은 우리네 인생

흘러간 세월이 아까워

가락이 절로 서러워짐은

맺힌 시름 떨치지 못함이지

어이해야 이런 시름 떨쳐버릴까

오직 술뿐이구나

사모하는 님이여

그리움에 지친 나의 마음을 아는가

사슴은 메- 메- 울며

들판에서 풀을 뜯고

내겐 반가운 손님 오시니

비파를 뜯고 피리를 부네

밝고 밝은 저 달빛

어느 날에 거둘까

마음에 맺힌 시름

떨쳐버릴 수 없구나

갈 길 비록 험하고 멀지만

찾아와 안부를 묻고

모여서 담소하고 즐긴다면
옛날의 정다움 되살아나리
달이 밝아 별은 드문데
까치는 남쪽으로 날아간다
나무를 세 바퀴 맴돌지만
어느 가지에 의지하랴
산은 높음을 마다하지 않고
바다도 깊음을 싫어하지 않는 법
주공이 진심으로 현사를 환대하니
천하의 인심이 쏠렸다 하네

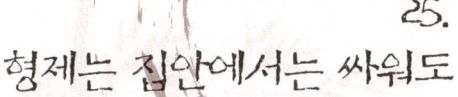

25.
형제는 집안에서는 싸워도

형제는 집안에서는 싸워도
밖에선 깔보이면 감싸 주네

兄弟鬩于牆형제혁우장, 外禦其務외어기무.
「소아小雅 상체常棣」

풀이

鬩 혁 서로 다툼.   禦 어 맞섬.
務 무 '모侮'와 통함. 업신여김.

해설

「상체常棣」는 형제지간의 우애를 노래한 작품이다. 주나라는 가정의 윤리적 관계를 본위로 하는 중국문화의 모델이 확립된 시기이다. 사회의 도덕규범과 국가의식은 가정윤리를 바탕으로 이루어진 것이다. 따라서 형제지간의 관계는 매우 중요하다.

이 작품에서는 형제지간의 감정을 다른 감정과 대비해 묘사했는데, 이는 피는 물보다 진하다는 이치를 보여주려는 것이다. 이 작품이 관심을 기울인 형제지간의 우애는 지금도 가정윤리와 조화라는 전통적 미덕을 지키고 나아가 사회의 도덕규범을 확립함에 있어서 중요한 요인이 된다. 따라서 이 작품은 매우 현실성 있는 의미를 갖는다.

여기에 인용된 구절은 대비의 방식으로 형제지간의 감정이 얼마나 중요한 것인지를 보여준다. 형제지간에는 서로 다투는 경우도 있지만, 외부의 적이 공동의 이익을 해칠 때는 서로 갈등을 접고 함께 맞선다는 대비적 표현을 통해 화합과 단결의 중요성을 언급하였다. 이런 이치는 비단 형제 사이뿐 아니라 사회와 국가에 있어서도 마찬가지로 적용된다.

예화

조비가 아우 조식과의 갈등을 덮고 조식을 일깨우다

한나라 헌제獻帝 건안建安 25년인 서기 220년에 위왕魏王 조조曹操가 병으로 세상을 떠나자 조조의 유언에 따라 세자 조비曹丕가 대신들의 추대를 받아 왕위를 계승했다. 하지만 조비와 같은 어머니에게서 태어난 아우 조식曹植은 이런 현실을 받아들이지 못했다. 어려서부터 총명했던 조식은 조조에게 큰 사랑을 받았다. 조조는 한때 조식을 세자로 책봉할 생각도 가지고 있었다. 하지만 예로부터 맏이가 부친의 자리를 계승하는 관습이 있었고, 게다가 맏이가 자리를 잇지 못하면 정국이 혼란에 빠질 위험이 있었기 때문에 대신들은 조조의 생각에 적극적으로 반대했고, 조조도 결국 대국을 고려해 조비를 세자로 세웠다.

조식은 조비를 세자로 인정하지 않았다. 때문에 조식은 조비가 왕위를 계승했다는 소식을 듣자 밤낮 없이 술로 마음을 달랬고, 조조의 장례식에도 참석하지 않았다. 조비는 조식의 잘못을 꾸짖으려 사람을 보냈지만, 조식은 그를 상대하지도 않았고, 조식의 빈객은 그에게 욕설을 퍼부었다.

"우리 주공主公은 세상에서 가장 영특한 분이시다. 그러니 당연히 대위大位를 물려받아야 하지 않겠는가? 그런데 지금 왕위는 남의 수중에 들어가고 말았다."

보고를 받은 조비는 분노했다. 조비는 조식과 그의 빈객들을 모두 잡아들이고, 불손한 말을 내뱉은 빈객의 목을 쳤다. 한 신하가 조비에게 조식을 죽여 화근을 없애라고 권고했다. 하지만 조비는 차마 친동생을 죽일 수는 없었다. 조비가 망설이자 또 다른 누군가가 진언했다.

"조식은 매우 영리합니다. 그는 남에게 뒤지는 것을 견디지 못합니다. 그를 없애지 않으면 필시 후환이 있을 것입니다. 사람들은 조식은 입만 열면 멋진 작품이 만들어진다고 합니다. 믿기 어려운 말이니 그를 불러 재능을 시험해 보는 것이 어떻겠습니까? 명성에 미치지 못한다면 그를 죽이고, 정말로 그런 재능이 있다면 살려주는 대신 관직을 깎으십시오."

조비는 이에 동의했다. 조비는 조식을 불러들였다. 조식은 자신이 큰 죄를 지었다는 사실을 알고 조비에게 용서를 빌었다. 그러자 조비는 이렇게 말했다.

"비록 우리가 형제지간이기는 하지만 또한 군신지간이기도 하다. 그러니 네가 자신의 재주를 믿고 예법을 무시해서야 되겠느냐? 부친께서 계실 적에 너는 늘 남에게 문장을 과시했다. 나는 줄곧 그것이 남이 대신 지어준 것이 아닌지 의심했다. 지금 일곱 걸음을 걸으며 시 한 수를 지어라. 완성한다면 죽음을 면하겠지만, 실패한다면 엄히 다스릴 것이다."

조식은 조비의 명령에 따라 대전을 걸으며 낮게 읊조렸다. 불과 일곱 걸음만에 시가 완성되었다.

> 콩을 삶는 데 콩깍지를 태우니
> 콩은 솥 안에서 눈물짓는구나
> 본시 한 뿌리에서 나왔음에도
> 어쩌면 이토록 들볶아대는가?

콩을 사람에 빗댄 이 작품은 당시 조식이 처한 상황과도 잘 어울렸다. 조비는 완성된 시를 보며 하염없이 눈물을 흘렸다. 조비는 조식을 풀어주고 안향후安鄕侯로 강등시켰다.

훗날 조비는 '황제'를 일컫고 조식의 작위와 식읍을 몇 차례나 높여주었다. 위魏나라 문제文帝 황초黃初 2년인 서기 222년, 조비는 조식을 견성鄄城의 제후왕으로 삼고, 식읍 2천5백 호를 내렸다. 견성은 지금의 산동성 지역에 있었다. 224년에는 조식을 지금의 하남성에 있던 옹구雍丘의 제후왕으로 봉했다. 또 226년, 조비는 동쪽 지방을 정벌하고 돌아오는 길에 옹구에 있는 조식의 사저를 찾아가 식읍 5백 호를 늘려 주었다.

삼국三國이 정립되어 있던 무렵, 위나라 서남쪽의 촉한蜀漢과 동남쪽의 오吳나라는 서로 연합해 걸핏하면 위나라의 변방을 어지럽혔다. 조식은 자신의 지난 잘못을 깊이 반성하면서 공을 세워 보답하고 싶었다. 조식은 여러 차례 조비에게 글을 올려 이렇게 말했다.

"저는 나라의 은혜를 입은 지 오래되었지만 덕망도 공적도 없이 지금의 자리를 차지하고 있는 것이 무척 부끄럽습니다. 이제 촉한과 오나라가 번번이 변방을 어지럽히니 나라를 위해 힘을 바치고자 합니다. 손권孫權을 잡거나 제갈량諸葛亮을 없애지는 못할지라도 기필코 그들을 무찔러 평생의 부끄러움을 씻겠습니다."

훗날 조식이 세상을 떠나자 명제明帝는 조령을 내려 이렇게 말했다.

"진사왕陳思王 조식은 비록 잘못을 저질렀지만 그것을 만회하려고 노력했고, 또 평생 독서를 즐겨 손에서 책을 내려놓지 않았다. 이는 정녕 행하기 어려운 일이다. 황초 연간에 그의 죄상을 보고한 상소문은 모조리 없애도록 하라. 그리고 1백 권이 넘는 그의 저술을 정리해 조정 안팎에 잘 보관하라."

조비와 조식은 비록 권력 때문에 서로 다투었지만 중요한 순간에는 마음을 합쳐 하나가 되었다. 피는 물보다 진하다. 골육간의 정리는 흔히 가장 필요한 순간에 그 힘을 발휘하는 법이다.

26. 하늘을 나는 저 새도 벗을 찾아 우는데

하늘을 나는 저 새도
벗을 찾아 우는데
하물며 사람 되어
벗을 아니 찾으려나?

相彼鳥矣상피조의, 猶求友聲유구우성.
矧伊人矣신이인의, 不求友生불구우생?

「소아 小雅 벌목 伐木」

풀이

相상 발어사. 실질적 의미는 없음.
矧신 하물며. **伊**이 어조사.
生생 어조사.

해설

「벌목伐木」은 우정에 대한 동경을 담은 작품으로, 인용된 시구의 앞에서는 이렇게 노래했다. "쩡쩡 나무를 찍는데, 앵앵 새가 울더니만, 깊은 골짜기서 날아와, 높은 나무에 올라앉았네. 앵앵 우는 그 울음은, 아마도 벗 부르는 소리일세." 나무를 찍는 소리를 통해 새소리를 끌어내고, 다시 세상 벗들의 우정을 이끌어낸 구상은 매우 절묘하다. 이처럼 비유를 통한 비교는 『시경』의 시에서는 흔히 보이는 수법이다.

인용된 시구에서 작자는 사람이 "벗을 찾는 것"은 타고난 본성으로, 심산유곡과 교목喬木 사이를 오가는 새와 다르지 않다고 했다. 서로를 찾아 함께 어울리고 생사를 함께하는 우정은 인생길에서 적막감과 고독감을 덜어주고 기쁨과 위로를 더해 줄 것이다. 시대는 변해도 "벗을 찾는" 사람의 본성은 바뀌지 않는다. 오늘날에도 사람들은 우정은 하늘과 땅처럼 영원히 변치 않는다고 말한다.

예화

범식과 장소가 삶과 죽음을 초월한 우정을 나누다

동한의 범식范式은 자가 거경巨卿이며 산양山陽 금향金鄕 사람이다. 젊은 시절 그는 태학太學에서 공부했다. 태학에는 전국에서 모여든 수재들이 있었는데, 범식은 여러 동료들 가운데서도 장소張劭와 절친한 벗이 되었다. 장소는 자가 원백元伯이며 여남汝南 출신이었다. 두 사람은 서로 격려하며 학문에 정진했고, 생활에서도 도움을 주고받았다. 범식과 장소는 마침내 생사를 함께하겠다는 금석지교金石之交를 맺었다.

세월은 물처럼 흘렀다. 태학에서 공부하는 기간도 어느덧 끝나고 학업을 마친 두 사람은 제각기 고향으로 돌아가게 되었다. 범식은 장소에게 이렇게 말했다.

"2년 후에 자네를 찾아가겠네. 자네 부모님께 인사를 드리고, 자네 자식들도 봐야지."

두 사람은 재회를 기약하고 눈물을 흘리며 헤어졌다.

약속한 2년이 지났다. 장소는 어머니께 태학에서 함께 수학한 친구가 찾아온다며 맞을 채비를 부탁했다. 하지만 어머니는 생각이 달랐다.

"너희들이 헤어진 지도 어언 2년이나 지났다. 그는 아마도 이미 너를 잊었을 것이다. 천리 밖에서 한 약속이 어떻게 실현

되겠느냐?"

하지만 장소는 웃으며 말했다.

"범식은 생사를 함께하기로 한 벗입니다. 저는 그의 사람됨을 잘 압니다. 그는 분명 약속을 지킬 것입니다."

어머니는 믿기지 않았지만 장소에게 이렇게 말했다.

"그렇다면 내가 잘 익은 술을 준비하마."

약속한 날이 왔다. 범식은 과연 천리 길을 걸어서 장소를 찾아왔다. 범식은 장소의 어머니께 문안을 드렸다. 장소의 어머니는 내심 적지 않게 놀랐고, 그제야 자기 자식이 사람을 잘못 보지 않았음을 알게 되었다.

범식과 장소는 장소의 어머니가 마련한 술과 안주를 먹으면서 헤어진 이후에 겪은 경험들을 서로 이야기했다. 그들은 마치 태학에서 공부하던 그 시절처럼 의기투합했다.

며칠이 지나고 헤어져야 할 시간이 다가왔다. 지난번처럼 그들은 다시 만날 날을 기약했다. 다음에는 장소가 범식을 찾아가기로 약속했다. 범식은 이별을 아쉬워하며 돌아갔다. 그런데 다시 만나기로 약속한 날이 되기 전에 장소는 갑작스러운 병으로 자리에 드러눕고 말았다. 병세는 매우 심각했다. 한 마을에 사는 벗인 은자징殷子徵과 질군장郅君章이 아침저녁으로 드나들며 돌봤지만 장소는 결국 세상을 뜨고 말았다. 장소는 눈을 감기 전에 이렇게 탄식했다.

"나의 '사우死友'를 만날 수 없음이 슬프구나!"

'사우'란 삶과 죽음을 초월한 벗을 가리키는 말이다. 이에 은자징이 의아한 듯 물었다.

"나와 질군장은 자네에게 정성을 다했네. 우리가 '사우'가 아니면 누가 '사우'란 말인가?"

그러자 장소는 이렇게 대답했다.

"자네 두 사람은 나의 '생우生友'일세. 산양의 범식이 나의 유일한 '사우'라네."

말을 마친 장소는 아쉬움 속에 눈을 감았다. 한편, 범식은 꿈에 장소를 보았는데, 띠가 늘어진 검은 예모禮帽를 쓰고 황급히 신발을 끌면서 범식에게 이렇게 소리쳤다.

'여보게, 나는 죽었다네. 이제 매장만 하면 영원히 황천으로 떠난다네. 마지막으로 한 번만 내 얼굴을 봐주겠나?'

꿈에서 깨어난 범식은 눈물을 흘렸다. 그는 즉시 상복을 갖춰 입고 장소의 집으로 달려갔다. 범식이 도착하자 장소의 영구는 이미 발인을 한 뒤였다. 그런데 묘지에 도착해 하관을 하려는데 관이 꿈쩍도 하지 않았다. 장소의 어머니가 관을 어루만지며 말했다.

"얘야, 누구를 기다리느냐?"

어머니는 사람들에게 관을 내려놓고 잠시 기다리게 했다. 그때 멀리서 흰색 수레가 달려왔다. 수레에서는 한 사내가 통곡을 하고 있었다. 장소의 어머니가 이를 바라보며 말했다.

"범식이 오는 게로구나!"

수레에서 뛰어내린 범식은 장소의 관을 얼싸안았다.

"잘 가시게, 친구! 삶과 죽음의 길을 달리하였음이 원통할 따름이네. 이젠 더 이상 자네와 벗이 될 수 없게 되었네."

범식은 애통한 나머지 자신을 주체하지 못했다. 장례에 참석한 사람들은 모두 눈물을 흘렸다. 범식이 새끼줄을 잡아 영구를 인도하자 비로소 관은 앞으로 움직였다. 안장이 끝나고 사람들은 모두 떠났지만 범식은 홀로 남았다. 그는 봉분을 잘 쌓고, 무덤 둘레에 소나무와 잣나무를 심은 뒤에 비로소 돌아갔다.

범식과 장소의 삶과 죽음을 넘어선 우정은 천년이 지나서도 사람들에게 감동을 준다. 두 사람은 멀리 떨어져 지냈고, 헤어진 지도 오래되었지만, 우정은 조금도 식지 않았다. 삶과 죽음이 서로를 갈랐지만 우정은 결코 단절되지 않았다. 세상은 갈수록 복잡해져도 우정의 소중함은 범식과 장소가 살던 시대와 조금도 다르지 않다.

27. 쓸모없어 보이는 산 위의 돌도

쓸모없어 보이는 산 위의 돌도
옥을 가는 돌로 쓸 수 있다오

它山之石타산지석, 可以攻玉가이공옥.

「소아小雅 학명鶴鳴」

풀이

它타 다름. '타他'와 같음.   **攻**공 갈고 다듬음.

해설

「학명鶴鳴」은 주나라의 통치자들에게 다양한 방법으로 인재를 찾아 기용하라고 풍자한 내용을 담은 작품이다. 특히 인재를 선발함에 있어서는 좁은 안목에 구애되지 말아야 한다는 점을 강조했다.

인용된 시구는 다른 데에 있는 훌륭한 인재도 내가 쓸 수 있고 또 좋은 결과를 가져올 수 있다는 것을 비유적으로 언급한 말이다. 오늘날에도 '타산지석'은 흔히 사용되는 표현이다. 이는 요즘의 위정자들에게도 좋은 본보기가 되는 말이다.

예화

쿠빌라이가 훌륭한 인재를 기용하여 제국을 건설하다

13세기에 원元나라의 세조世祖 쿠빌라이는 칭기즈칸의 업적을 계승해 광대한 대제국을 건설했다. 그가 청사에 길이 남을 위업을 이룩할 수 있었던 것은 훌륭한 인재를 과감하게 기용하는 넓은 도량을 지녔던 것과 무관하지 않다.

몽골민족은 몽골의 초원지대에서 대대로 유목을 하며 생활하던 사람들이다. 그들은 13세기 초에 이르러 불세출의 지도자인 테무친의 영도로 군사적 확장에 나서게 되었다. 테무친의 손자 쿠빌라이에 이르러 몽골제국의 강역은 지금의 아시아를 넘어

유럽 대륙까지 뻗어 나갔다. 때문에 넓은 영역을 어떻게 다스려 제국을 안정시킬 것인가는 당시 통치자의 최대 관심사였다.

쿠빌라이의 주요한 정복 목표는 중국의 남쪽에 있던 한족漢族 정권인 남송南宋이었다. 남송은 정치적·군사적으로는 완전히 부패했지만 뿌리 깊은 문화적 전통을 지니고 있었다. 따라서 남송을 정복하고 그들을 다스리는 것은 쉽지 않은 일이었다. 쿠빌라이는 한족의 인재들을 대거 국가 정책에 참여시키는 방법을 선택했다. 역사적으로도 이는 매우 효과적인 방법임이 입증된 것이다.

쿠빌라이는 결코 거칠기만 한 인물은 아니었다. 그는 한족의 문화를 잘 이해했고, 또한 한족의 지식인들을 존중했다. 당시 재능과 학식을 지닌 많은 한족 지식인들이 전란을 피해 외진 곳에 몸을 숨기고 있었다. 그들 가운데 요추姚樞라는 사람이 있었다. 요추는 매우 박학했고, 또 정치적 수완이 뛰어났지만 난리통에 재능을 펼칠 기회를 얻지 못하고 있었다. 쿠빌라이는 중원을 정복하자 즉시 사람을 보내 요추를 찾았다. 그리고 그에게 겸손하게 국가 통치의 방법을 물었다. 쿠빌라이가 자신을 후히 대우하자 요추는 치국에 대한 자신의 생각을 털어놓았다. 그 가운데는 당시의 폐단 서른 가지를 지적하는 내용도 포함되어 있었는데, 지적 하나하나마다에 대해 구체적인 대안까지 자세히 제시했다. 쿠빌라이는 무척 기뻐했다.

1251년 여름, 쿠빌라이는 대리大理를 정벌했다. 요추도 쿠빌라이를 따라 출정했다. 그런데 요추는 몽골 군사가 사람들을 많이 살상하자 민심이 돌아설까 매우 염려스러웠다. 하루는 요추가 저녁 연회에서 쿠빌라이에게 송나라 태조太祖가 조빈曹彬을 시켜 남당南唐을 정벌하던 당시의 이야기를 꺼냈다. 요추는 당시 송나라 군사는 백성들을 단 한 명도 살상하지 않았고, 또 백성들의 재물에도 전혀 손을 대지 않았던 사실을 특히 강조했다. 그러자 이튿날 쿠빌라이는 행군 도중에 이렇게 말했다.

"나도 어제 말한 조빈처럼 그렇게 할 수 있소!"

대리에 도착하자 쿠빌라이는 살인을 금한다는 명령을 깃발에 크게 써 붙였다. 그러자 민심은 안정되었고 어렵지 않게 대리를 정복할 수 있었다.

1263년, 쿠빌라이는 요추를 중서좌승상에 임명했다. 요추는 재임하는 동안 인재를 발굴해 적재적소에 배치하고, 많은 훌륭한 건의를 내놓았다. 그는 쿠빌라이에게 역사를 교훈 삼아 제후를 분봉分封하는 제도를 폐지하고 지방의 관리 제도를 고쳐서 중앙의 지방통제력을 강화하라고 건의했다. 1273년, 쿠빌라이는 요추를 소문관 대학사에 임명해 예의禮儀에 관한 업무를 담당하게 했다. 그해에 쿠빌라이는 문무관원들과 남송 정벌을 논의했는데, 요추는 우승상 안동安童, 지추밀원 백안伯顔을 남하 통수로 추천했다. 이는 적중했고 남송의 잔존세력은 이내 궤멸되었다.

유병충劉秉忠 역시 쿠빌라이가 중용한 한족 출신의 인물이다. 유병충은 기억력이 매우 좋아서 날마다 들은 많은 말을 일일이 기억했고, 눈으로 본 것도 잊지 않았다. 게다가 천문, 지리, 율력律曆, 복산卜算 등 다양한 분야에 정통했다. 유병충의 부친은 몽골 정권에서 관직을 지냈는데, 당시 관례로는 몽골 귀족의 영지에서 관리가 되는 한족은 반드시 아들을 인질로 삼아야 했다. 이런 까닭으로 유병충은 열세 살 적에 수부帥府에 인질로 보내졌고, 그곳에서 글씨를 베끼는 일을 하게 되었다. 하지만 재주가 뛰어나고 학문이 깊고 이상이 컸던 유병충은 이런 생활이 결코 달갑지 않았다. 그는 마침내 무안산武安山으로 달아나 머리를 깎고 승려로 위장해 공부를 계속하면서 벼슬길에 나아갈 때를 기다렸다.

원나라 태종太宗이 즉위하던 해인 1242년에 쿠빌라이는 유병충이 있던 사찰을 지나다가 그의 명성을 듣고 자신과 함께 갈 것을 권유했다. 유병충은 절호의 기회임을 알고 쿠빌라이의 요청을 받아들였다. 쿠빌라이는 그를 자주 불러 세상사를 의논했고, 그때마다 유병충은 거침없이 담론을 쏟아냈다. 쿠빌라이는 유병충을 신임했고, 유병충은 이후 수십 년 동안 쿠빌라이 곁을 지키며 갖가지 중요한 정책을 결정하게 되었다.

헌종憲宗이 즉위하던 해인 1251년부터 쿠빌라이는 막남漠南의 한족 영역을 관리하게 되었다. 쿠빌라이는 이 일에 유병충을 내세웠다. 유병충은 한법漢法을 시행하고, 탐관오리를 제거하고, 유랑민들을 초무하고, 둔전屯田을 시행하고, 수리 사업을 펼치고, 농업과 잠업을 장려하고, 학자들을 보호하고, 학교를 세우는 등의 정책을 펼쳐 상당한 효과를 거두었다. 쿠빌라이는 몽골 출신의 통치자였지만 이 일로 말미암아 중국땅에 애착을 갖게 되었고, 나아가 중국을 통일하려는 마음을 굳히게 되었다.

쿠빌라이는 몽골의 대칸[大汗]이 되자 유병충의 건의에 따라 '몽골'이라는 국호 대신 『역경易經』에 나오는 '건원乾元'의 의미를 빌려 국호를 '원元'으로 바꾸었다. 1272년, 쿠빌라이는 다시 유병충의 건의에 따라 도성을 중도中都에 정하고 그 이름을 대도大都로 바꾸었으니, 바로 지금의 북경北京이다. 원나라 때에 대도는 세계적인 정치, 문화, 상업의 중심지였다. 그 후 중국의 통치자들은 북경을 수도로 삼아 오늘에 이른다.

유병충은 쿠빌라이에게 재능 있는 많은 한족 인사를 추천해 관직에 임용케 했다. 예컨대 장문겸張文謙과 허형許衡 등은 유병충의 추천으로 고급 직무를 맡았고 나아가 한 시대의 명신名

吞이 되었다. 유병충 자신은 광록대부, 태보, 참령중서성사에 임명되어 백관의 수장에 올랐지만 검소한 생활을 하면서 정사에 몰두했다.

세계적으로도 뛰어난 재주와 큰 경륜을 지닌 군주들은 방대한 제국을 건설했다. 예컨대 마케도니아의 알렉산더 대왕 같은 경우가 그런 인물이다. 하지만 그들이 세상을 떠난 뒤에는 제국은 금세 해체되거나 분열되고 말았다. 반면 원나라의 통치는 1백 년도 넘게 지속되었다. 이는 쿠빌라이가 보여준 타산지석으로 옥돌을 다듬는 뛰어난 식견에 그 공을 돌리지 않을 수 없다. 그러나 안타깝게도 쿠빌라이의 후계자들은 민족차별정책으로 인재 선발과 등용에 있어 보수적 정책으로 회귀함으로써 민족 갈등을 격화시켰고, 결국 몽골 민족은 다시 대초원으로 돌아가야만 했다. 칭기즈칸에서부터 쿠빌라이에 이르는 빛나는 공적이 물거품이 되어 버린 것이다.

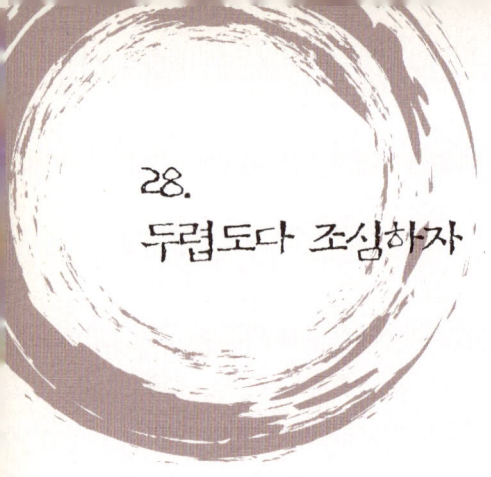

28.
두렵도다 조심하자

두렵도다 조심하자
깊은 못가를 걸어가듯
살얼음판을 밟고 가듯

戰戰兢兢전전긍긍, 如臨深淵여림심연, 如履薄冰여리박빙.
「소아小雅 소민小旻」

풀이

戰戰兢兢전전긍긍 두려워하고 조심하는 모양.
臨림 마주함. **履**리 밟음.

해설

「소민小旻」은 주나라의 대부가 유왕幽王을 풍자하는 내용을 담은 작품이다. 유왕은 황음무도했으며, 시비와 선악을 가리지 않았다. 또 형벌을 혹독하게 하여 선량한 신하와 백성들을 두려움에 떨게 만들었다. 주나라 왕조의 멸망은 이미 초읽기에 들어간 것이었다.

작자는 이런 암울한 상황에 직면해 크게 실망하였고, 또 곧 닥쳐올 위기를 근심했다. 여기에 인용된 시구는 「소민」의 마지막 구절로, 두 가지 비유를 연속적으로 사용해 위험에 직면한 사람의 심리를 보여준다. 이 시구는 『시경』 가운데서도 널리 알려진 구절이다.

예화

주원장이 공포정치를 펼치다

명明나라를 세운 개국황제 주원장朱元璋은 본래 미천한 출신이었다. 그는 일찍이 남의 집에서 소와 양을 돌보며 생활한 적이 있었는데, 가족들이 전염병에 걸려 잇따라 세상을 떠나자 생존을 위해 절로 들어가 머리를 깎고 승려가 되었다. 나중에는 농민봉기군에 참가해 단시일에 우두머리가 되었고, 마침내 명나라를 세우게 되었다.

주원장은 마음이 음험한 사람이었다. 그는 자신의 미천한 출신과 승려 경력을 시종 숨겼다. 그는 주변에 재주 있는 신하가 있는 것을 시기했으며, 다른 사람이 황제의 자리를 빼앗을까 항상 노심초사했다. 이 때문에 그는 수많은 피비린내 나는 살육을 저질렀다. 중국의 역사는 주원장이 통치하는 시대에 이르러 극도의 공포 시대로 접어들었다.

1380년, 당시 재상이던 호유용胡惟庸이 왜구倭寇들과 결탁해 연회석상에서 주원장을 척살하려 한다는 밀고가 들어왔다. 주원장은 시비를 가리지도 않고 호유용을 즉시 찢어 죽이고 그의 삼족三族을 멸했다. 10년이 지난 뒤에 주원장은 다시 호유용을 따르던 사람들을 잡아들여 투옥했다. 그들 가운데는 일찍이 자신이 존경하던 태사 이선장李善長도 포함되어 있었다. 이선장은 당시 77세의 노령이었다. 아무튼 이 조치로 모두 2만 명이 넘는 사람들이 연루되어 희생되었다. 주원장은 『간당록奸黨錄』을 편찬하고 말미에 이선장의 자술서를 첨부해 전국에 보급했다.

3년이 지난 1393년, 누군가 대장 남옥藍玉이 반란을 획책한다고 밀고했다. 주원장은 즉시 남옥을 체포해 고문했다. 결국 자백을 받아낸 주원장은 남옥을 찢어 죽이고 멸족시켰다. 남옥의 자백을 근거로 무려 1만5천 명이나 되는 사람들이 또 엮여 들었다. 그들 가운데 일부는 이미 세상을 떠나고 없었지만, 화는 그 자손들에게 미쳤다. 이번에도 주원장은 『역신록逆臣錄』을 편찬해 천하에 널리 보급했다.

여기서 언급한 것은 두 차례에 걸친 대규모 처형사건이며, 이 밖에도 작은 규모의 억울한 사건은 거의 매일처럼 일어났다. 개국공신 송렴宋濂은 매우 뛰어난 정치가이자 학자였다. 주원장은 일찍이 송렴을 일러 '성인聖人'이라고 칭송한 적도 있었다. 주원장은 늘 송렴을 궁중으로 불러들여 함께 정무를 의논하였고, 또 그를 한 가족처럼 대했다. 하지만 송렴이 세상을 떠나고 얼마 지나지 않아 그의 손자가 호유용 사건에 휘말려 죽임을 당했다.

또 한 사람의 지낭智囊이던 유기劉基도 주원장에게 독살되었다. 사건이 벌어진 뒤에 주원장은 사람들의 입을 막으려고 호유용이 독살한 것이라고 거짓 선전을 펼쳤다. 주원장은 고의로 재상 왕광양汪廣洋에게 이 사건의 전모를 아는지 물었다. 왕광양이 영문을 알지 못하고 모른다고 대답하자 주원장은 대노해 왕광양을 파직하고 목졸라 죽였다.

또 이런 일도 있었다. 지난날 주원장과 생사를 함께했던 대장 서달徐達은 등창을 앓고 있었다. 당시 등창에는 절대로 거위고기를 피했다. 그런데 주원장은 그런 그에게 거위고기를 하사했다. 그리고 거위고기를 전달한 환관에게 곁에서 그가 먹는 것을 지켜보게 했다. 서달은 눈물을 흘리며 거위고기를 먹었다. 그날 저녁 서달은 등창이 전신에 퍼져 세상을 뜨고 말았다.

예전에는 유가儒家의 처세방식에 따라 자신의 뜻을 얻지 못한 사람은 은거해 화가 미치는 것을 피했다. 하지만 주원장의 공포정치 아래에서는 이런 권리조차도 지켜지지 못했다. 고계高啓는 원나라와 명나라 두 왕조에 걸쳐 살았던 유명한 시인이다. 그는 정치적인 알력을 몹시 싫어했다. 주원장은 고계를 예부시랑에 임명하려 했지만, 그는 한사코 나아가지 않았다. 그러자 주원장은 비협조적이라고 트집을 잡아 살해했다. 당시 고계는 겨우 39세였다.

또 대신 이사로李仕魯가 금란전金鑾殿에서 사직서를 내놓자 주원장은 황제를 경멸했다며 무장을 시켜 이사로를 계단 아래로 떠밀어 죽였다. 이 밖에도 조정에서는 정장廷杖의 형벌이 있었다. 신하가 상소를 올릴 때 조금이라도 불만스러우면 주원장은 무사에게 명령해 그 자리에서 대신들을 쓰러뜨리고 매질을 가했다. 많은 대신들이 매질을 이겨내지 못하고 그 자리에서 숨을 거두었다. 설령 목숨을 부지하더라도 살이 터지고 뼈가 부러져 족히 반년은 운신조차 하지 못했다. 주원장은 또 각 고을에 '박피정剝皮亭'이라는 것을 만들고, 지방 관리가 탐관오리로 지목되면 살가죽을 벗겨서 정자에 내걸었다. 통계에 따르면, 당시

중앙 조정과 직할지에서 해마다 살가죽이 벗겨지고 체포되고 유배되는 관리가 수만 명에 이르렀다.

또한 주원장은 대규모 문자옥文字獄을 일으켰다. 절강부학浙江府學의 교수 임원량林元亮은 상소문에 쓴 "작칙수헌作則垂憲"이라는 구절 때문에 참형斬刑을 당했다. '칙'은 '법칙'이라는 의미다. 그런데 강남 지방의 방언에서는 '칙則'의 발음이 '적賊'과 같았다. 주원장은 이것이 자신이 일찍이 도적盜賊 생활을 한 사실을 풍자한 것으로 여겼다. 하남河南 위지현학尉氏縣學의 교수 허원許元은 상소문에 쓴 "체건법곤, 조식태평體乾法坤, 藻飾太平"이라는 구절 때문에 참형을 당했다. 이 구절은 옛 문헌에 실린 말을 인용한 것이었지만, 주원장은 '법곤法坤'이 '발곤髮髡'과 발음이 같으며, '발곤'은 "머리를 빡빡 깎는다"는 의미로, 자신이 승려 생활을 한 적이 있음을 빗댄 것으로 여겼다. '법곤'과 '발곤'의 중국어 발음은 모두 '파쿤'이다. 또 '조식藻飾'은 '조실早失'과 발음이 같아서, 자신이 "어서 빨리 천하를 잃게 되기를" 바라는 것이라고 여겼다. '조식'과 '조실'의 중국어 발음은 모두 '자오스'다.

인도에서 온 내복來復이라는 스님이 있었다. 주원장은 그를 자못 존경했다. 내복은 귀국을 앞두고 그간의 호의에 감사를 드리는 의미를 담은 시 한 수를 지어 주원장에게 바쳤다. 그런데 시구 가운데 "수역급자참, 무덕송도당.殊域及自慚, 無德頌陶唐."
이라는 구절이 있었다. "자참自慚은 이국[殊域]에서 태어났기에
황제를 송찬할 자격이 없다."는 의미다. 그런데 주원장은 '수
殊'자를 '알주歹朱'로 잘못 보고, 또 '무덕無德'을 자신이 덕망
이 없다고 비웃는 것으로 받아들였다. '알주'는 "나쁜 주씨"라
는 의미가 된다. 주원장은 가차없이 내복의 목을 벴다.

주원장은 또 비밀경찰조직인 금의위錦衣衛를 창설하고, 직접
관리했다. 금의위는 사법기구의 견제를 전혀 받지 않고 중앙과
지방 관리들을 감찰했다. 그들은 마음대로 뇌물을 챙기고 사람
을 모함했다. 때문에 조정 관리들은 그들을 몹시 두려워했다.
관리들은 매일 조회에 들어갈 적이면 처자식과 슬픈 이별을 해
야만 했다. 그리고 저녁에 무사히 집으로 돌아오면 온 가족이
비로소 안도의 한숨을 내쉬었다.

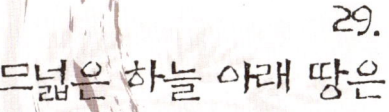

29.
드넓은 하늘 아래 땅은

드넓은 하늘 아래 땅은
모두가 임금님 땅이라네
이 땅 위에서 저 끝까지
모두가 임금님 신하라네

溥天之下부천지하, 莫匪王土막비왕토;
率土之濱솔토지빈, 莫匪王臣막비왕신.

「소아 小雅 북산 北山」

> **풀이**
>
> 溥부 '보普'라고도 함. 넓음. 전체.
> 率솔 '…로부터'.
> 濱빈 육지의 사방 끝에 있는 바닷가. 옛 중국인들은 중국의 사방을 바다가 에워싸고 있다고 여겼음.

해설

앞선 왕조인 은殷나라보다 강역이 훨씬 넓어진 주나라 임금은 "하늘의 자랑스러운 아들"로서 제후들을 분봉分封하고 지방을 관할했다.

인용된 「북산北山」의 구절은 주나라의 이런 모습을 반영한 것이다. 오랜 세월 동안 전란이 계속되면서 천하는 분열되기도 하고 또 통일되기도 했지만, 사람들은 통일을 정상으로 여기고 분열을 비정상으로 여겼다. 원대한 업적을 이룩한 역대 정치가들은 누구나 분열을 끝내고 통일을 이룩하는 것을 자신의 사명으로 여겼다.

예화

진나라 영정이 여섯 제후국을 정벌하고 통일을 이룩하다

주나라 평왕平王은 즉위하던 해인 기원전 770년에 도성을 낙읍洛邑으로 옮기기 시작했다. 이리하여 중국의 역사는 제후들이 서로 패권을 다투는 춘추전국시대로 접어들었다. 합병을 위한 잇따른 전쟁으로 전국시대 말기에 이르면 제齊, 초楚, 연燕, 한韓, 조趙, 위魏, 진秦의 일곱 개 강국만이 살아남아 마지막 각축을 벌였다.

당시 진나라는 상앙商鞅의 변법變法을 통해 경제적·군사적으로 크게 발전해 가장 강력한 제후국으로 성장했다. 기원전 246년, 영정嬴政은 13세의 어린 나이로 진나라 임금의 자리에 올랐다. 천하 통일의 중차대한 임무가 어린 임금의 어깨에 지워진 것이었다.

영정은 장양왕莊襄王의 아들로 조나라의 수도인 한단邯鄲에서 태어났다. 영정은 비록 임금의 자리에 올랐지만, 당시 진나라의 제도에 따르면, 임금은 22세가 되어야 관례를 행하고 직접 정사를 돌볼 수 있었다. 그가 정사를 직접 챙기기 이전의 9년 동안은 상국 여불위呂不韋와 장신후 노애嫪毐가 정사를 맡았다. 여불위와 노애는 태후와 밀접한 관계를 맺고 조정의 권력을 좌지우지하면서 어린 임금 영정은 안중에도 두지 않았다. 영정이 즉위한 지 9년째 되던 기원전 238년, 영정은 드디어 관례를 거행하게 되었다. 지난 세월 동안 권신들에게 한껏 무시당해 온 젊은 임금은 정사를 자신이 직접 챙기게 되자 상상할 수 없었던 과단함과 잔인함을 드러냈다.

시경 이야기 179

그러던 중 노애가 진나라 임금의 옥새와 태후의 옥새를 도용해 반란을 일으켰다. 노애는 왕궁으로 달려들었지만, 영정은 창평군과 창문군을 시켜 맞섰다. 노애는 황급히 어디론가 달아났고, 영정은 엄청난 현상금을 내걸었다. 얼마 후 노애는 사로잡혔고, 영정은 그를 수레에 매달아 찢어 죽이고, 친족들을 모조리 죽였다. 이 사건에는 무려 4천 명이 넘는 사람들이 연루되었다. 심지어 영정은 생모인 태후가 요애와 사통私通하고 그에게 불법 행위를 종용한 사실을 알자 태후를 다른 곳에 유폐시켰다. 요애의 반란은 여불위에게도 불똥이 튀었다.

여불위는 진나라에서 10년 이상이나 상국을 지내고, '중부仲父'로 불리는 인물이었다. 그는 사람됨이 지혜로웠고, 정치적 업적이 뛰어났으며, 명망이 자자했다. 때문에 영정은 당초 여불위에게 화해의 손짓을 보냈었다. 하지만 자신이 직접 정치를 맡게 되자 이듬해에 구실을 붙여 여불위를 상국에서 해임하고 도성 함양咸陽을 떠나 봉읍封邑인 낙양洛陽에서 지내게 했다. 영정은 여불위에게 희롱하는 내용을 담은 편지를 보냈다.

"그대는 진나라에 무슨 공을 세웠소? 그런데도 낙양을 봉하고 10만의 식읍을 주었구려. 그대는 진나라와 무슨 친척 관계가 있소? 그런데도 '중부'라고 불리는구려."

영정은 여불위의 가족 모두를 외진 서촉西蜀으로 이주하게 하였다. 여불위는 더 이상 수모를 견딜 수 없었다. 어차피 죽임을 당하게 될 것임을 깨달은 여불위는 독약을 마시고 스스로 목숨을 끊었다.

젊은 영정은 여불위와 요애의 세력을 깨끗이 쓸어내고 마침내 국가의 대권을 수중에 장악하게 되었다. 영정은 새로운 인재들을 모아 자기 세력을 구축했다. 초楚나라 출신인 이사李斯는 순자荀子의 제자로 여불위의 식객食客을 지낸 적이 있었다. 이사는 기회가 있을 적마다 영정에게 이렇게 권유했다.

"진나라의 강성함과 대왕의 현명함이라면 천하통일은 부뚜막의 먼지를 털어내고 손바닥을 뒤집는 것처럼 간단한 일입니다. 이런 절호의 기회를 놓쳐서, 장차 여섯 제후국이 힘을 키우고 서로 연합해 우리를 공격하게 된다면, 그때는 황제黃帝와 같은 재주가 있더라도 통일을 이루지 못할 것입니다."

영정은 이사의 말에 고무되어 천하통일을 필생의 임무로 삼기로 결심했다. 영정은 이사를 장사長史에 임명하고, 여섯 제후국을 정벌할 준비를 진행했다. 또 위나라 출신의 군사전략가 위료尉繚를 국위國尉에 임명하고, 실전 경험이 풍부한 왕전王翦, 왕분王賁, 몽무蒙武, 몽염蒙恬 등을 장령으로 삼는 한편 언변이 뛰어나고 판단력이 예리한 돈약頓弱과 요가姚賈를 제후국에 보내 이간책을 펼쳤다. 진나라 도성 함양에는 삽시간에 인재들이 흘러 넘쳤고, 진나라의 국세는 날로 뻗어 나갔다.

진나라의 첫 번째 정벌 목표는 한나라였다. 한나라는 진나라와 가장 가까이 있었으며, 여섯 제후국 가운데 가장 약소했다. 진나라 대군이 쳐들어온다는 소식에 한나라 임금은 남양南陽의 땅을 바치고 항복했다. 기원전 230년, 진나라는 다시 한나라를 침공해 한나라 임금을 사로잡고 국토를 모두 합병해 영천군穎川郡으로 개편했다. 기원전 225년, 영정은 왕분을 보내 위나라를 침공했다. 황하와 대구大溝를 위나라 도성 대량大梁으로 흘려보내고 석 달이 흐르자 대량성은 함락되었다. 위나라 임금은 항복했고, 위나라는 멸망했다. 위나라를 멸망시킨 영정은 여세를 몰아 초나라를 멸망시키고 싶었다. 하지만 초나라는 여섯 제후국 가운데 가장 강력한 나라로, 초나라를 정벌하기란 쉽지 않은 일이었다. 영정은 장수들에게 초나라를 정복하려면 병력이 얼마나 필요한지 물었다. 젊은 장수 이신李信은 20만 명이면 충분하다고 했고, 노장 왕전은 60만 명은 되어야 한다고 주장했다. 영정은 왕전을 겁쟁이라고 비난하며 이신에게 군사 20만 명을 주어 초나라를 침공하게 했다. 분개한 왕전은 병을 핑계로 관직을 버리고 고향으로 돌아갔다. 하지만 자신감만 앞섰던 이신은 초나라 군사에게 대패하고 말았다. 영정은 그제야 후회했지만 이미 소용없는 일이었다. 영정은 직접 왕전을 찾아가 사과하고 도움을 요청했다. 왕전은 60만 대군이 필요하다며 완강히 버텼다. 영정은 왕전의 요구대로 60만 명의 군사를 징발했고, 출정하는 왕전을 몸소 전송했다. 왕전은 초나라 군사를 잇달아 격파했고, 기원전 223년 마침내 초나라를 멸망시켰다. 이듬해에 초나라의 강남 지역을 평정하고 회계군會稽郡을 설치했다.

초나라를 멸망시키기에 앞서 진나라는 다른 한편으로 군사를 역수易水에 주둔시키고 연나라를 공격할 채비를 하였다. 연나라 태자 단丹은 진나라의 공격을 늦추려고 자객 형가荊軻를 보내 진나라 임금을 척살하려 했지만 미수에 그치고 말았다. 분노한 영정은 기원전 227년에 왕전과 신승辛勝을 보내 연나라를 공격했다. 역수의 서쪽에서 벌어진 전투에서 연나라 군사는 대패했다. 이듬해 진나라는 군대를 증파해 연나라 도성 계薊를 함락했다. 계는 지금의 북경이다. 연나라 임금은 요동遼東으로 달아났다. 기원전 222년, 그러니까 초나라를 멸망시킨 이듬해에 영정은 왕분을 보내 요동을 공격해 연나라 임금을 사로잡고 연나라를 멸망시켰다.

진나라의 다음 목표는 조나라였다. 그런데 조나라에는 이목李牧이라는 명장이 있었다. 진나라 군사는 패배를 거듭하였고, 양측은 오랜 대치국면으로 들어섰다. 기원전 231년, 조나라에는 엄청난 지진이 발생했고, 그 이듬해에는 대기근이 벌어졌다.

기원전 229년, 영정은 조나라의 재해를 틈타 두 갈래로 나뉘어 조나라를 쳤다. 왕전은 정형井陘으로 곧장 진격하고, 양단楊端은 조나라 도성 한단을 공격했다. 조나라는 이목과 사마상司馬尙을 내보내 맞섰다. 진나라는 조나라 임금의 총신 곽개郭開에게 뇌물을 주어 이목과 사마상이 반란을 획책한다는 소문을 퍼뜨렸다. 조나라 임금은 이목을 죽이고, 사마상의 병권을 거두고, 조총趙悤과 안취顔聚를 대신 내보냈다. 하지만 진나라 군사에게 대패하고, 기원전 228년에는 조나라 임금이 사로잡혔다. 공자 가嘉는 수백 명의 측근을 데리고 대代로 달아나 스스로 대왕代王이 되었다. 기원전 222년, 진나라는 연나라를 멸망시킨 다음 대를 쳐서 대왕을 사로잡았다. 기원전 221년, 진나라 대장 왕분은 연나라에서 남하해 제나라를 쳤다. 제나라는 오랫동안 진나라에 굴종했고, 또 전란이 빈발한 중원에서 멀찍이 떨어져 있어서 전쟁에 대한 대비가 전혀 없었다. 왕분은 파죽지세로 진격해 제나라를 멸망시키고 임금을 사로잡았다.

10년에 걸쳐 여섯 나라를 병탄하고 통일을 이룩한 영정은 각종 개혁을 단행했다. 예컨대 주나라의 봉건제도를 폐지하고 군현제郡縣制를 실시하고, 도량형을 통일한 것은 매우 중요한 성과였다. 한편, 군사적으로는 흉노匈奴에게 빼앗긴 하투河套 지역을 수복하고, 영남嶺南 지역을 자기 판세에 편입시켰다. 이리하여 진나라는 동쪽으로는 요동, 서쪽으로는 농서隴西, 북쪽으로는 음산陰山, 남쪽으로는 남해南海에 이르는 광대한 제국을 이루게 되었다.

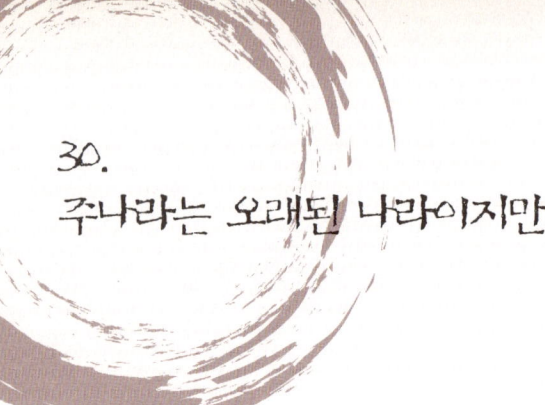

30.
주나라는 오래된 나라이지만

주나라는 오래된 나라이지만
하늘이 내리신 명은 새롭다네

周雖舊邦주수구방, 其命維新기명유신.

「대아 大雅 문왕 文王」

풀이

邦방 나라.　　　　　　　　命명 천명. 하늘의 뜻.
維유 접속사. '곧'의 의미.

해설

「문왕文王」은 「대아」의 첫 번째 작품이다. 주공周公이 지었다고 전해지는 이 작품은 문왕文王의 공적을 칭송해 성왕成王을 면려하는 내용을 담았다.

주나라 민족의 발상지는 위수渭水 유역에 자리 잡은 기산岐山이라는 고장이다. 전설에 따르면 주나라 민족의 조상인 기棄는 하夏나라 때에 후직后稷이 되어 농사일을 관장했다고 한다. 어떤 기록에는 이것이 순舜 임금 때의 일이라고도 한다. 아무튼 이후 여러 대를 거쳐 문왕의 시대에 이르러 주 민족은 상당한 역량을 갖추게 되었다. 문왕은 인정仁政을 베풀어 국력을 강화했는데, 이는 나중에 무왕武王이 주왕紂王을 정벌하는 데 있어서 밑거름이 되었다. 후대의 유가들은 주나라 문왕을 요堯, 순舜, 우禹, 탕湯 등의 고대 성왕聖王과 같은 반열에 넣고 인정과 왕도王道를 실천한 귀감으로 삼았다.

『시경』에는 문왕의 덕망과 공적을 칭송한 작품이 매우 많지만 「문왕」이 가장 상징적인 작품이다.

예화

주나라 문왕이 상나라를 무너뜨릴 여건을 마련하다

주나라 계력季歷이 상商나라 임금 문정文丁에게 죽임을 당하자 아들 희창姬昌이 뒤를 이어 임금의 자리에 올랐다. 그가 바로 훗날 명성을 떨친 문왕文王이다. 문왕은 50년 동안 임금의 자리에 있으면서 상나라를 멸망시키기 위한 준비를 차근차근 진행했다.

문왕은 정사에 부지런히 힘썼다. 그는 사냥과 같은 다른 소일거리는 일체 절제했고, 심지어 아침부터 한낮까지는 음식물을 입에 대지도 않았다. 그는 선왕들의 덕을 본받고자 노력하고, 농업을 발전시키려고 애쓰고, 재능 있는 인물을 존중하고, 노인을 공경했다.

당시 고죽국孤竹國의 사람인 백이伯夷와 숙제叔弟는 임금의 자리를 아우에게 넘겨주려고 고죽국에서 달아나 문왕을 찾아왔다. 문왕은 백이와 숙제를 후하게 대우했다. 이 밖에도 태전太顚, 굉요閎夭, 산의생散宜生, 육자鬻子, 신갑辛甲 같은 당시 이름난 현인들이 모두 자기 나라에서 달아나 문왕을 찾아왔다.

당시 뛰어난 군사적 재능을 지닌 강자아姜子牙라는 인물이 있었다. 강자아의 조상은 일찍이 하夏나라 때에 여呂라는 땅에 봉해져 여씨呂氏를 성씨로 삼았다. 강자아는 상나라의 조가朝歌에서 백정 노릇을 하기도 했고, 맹진孟津에서 술을 팔기도 하면서 때를 기다렸지만 환갑을 훌쩍 넘도록 자신의 재주를 펼칠 곳을 찾지 못하고 있었다. 그는 문왕이 현능하고 덕망이 있다는 말을 듣고 날마다 기산岐山 자락에 있는 자천玆泉이라는 곳에서 낚시를 하면서 문왕을 만날 기회를 찾고 있었다.

하늘은 뜻을 지닌 사람을 저버리지 않았다. 하루는 문왕이 사냥을 나왔다가 우연히 강자아와 마주치게 되었다. 문왕은 강자아와 몇 마디 대화를 나눴는데, 자신과 뜻이 잘 맞는다는 생각이 들었다. 문왕은 대단히 기뻤다.

"선군 태공太公께서는 현인賢人의 보필을 원하셨소. 선생이야말로 우리 선군께서 오랫동안 기다린 현인이신가 봅니다."

이리하여 사람들은 강자아를 '태공망太公望'이라고 부르게 되었다. '태공망'은 "태공이 고대하다"라는 의미다. 문왕은 강자아를 자신의 수레에 태우고 함께 궁중으로 돌아왔다. 강자아는 과연 문왕의 기대를 저버리지 않았다. 그는 노익장을 과시하면서 문왕과 나라를 위한 훌륭한 계책들을 내놓았다. 이에 대해 역사서에는 "천하를 셋으로 나누어 그 가운데 둘을 주나라에 돌아가게 한 것은 대부분 태공망의 계책에 힘입은 것이다."라고 기록했다.

문왕이 국정에 힘을 쏟고 백성들을 사랑하고 현인들의 보필을 받자 주나라의 국세는 날로 강해졌다. 상나라 임금은 하는 수 없이 문왕을 '서백西伯'에 봉하고, 반란을 일으키는 제후를 토벌할 수 있는 권한을 부여했다. 제후들은 문왕을 진심으로 믿고 따랐다. 그들은 서로 다툼이 생기면 문왕을 찾아 판결을 청했다. 한번은 우虞나라와 예芮나라가 서로 이해를 다투다가 조정을 청하러 문왕을 찾아왔다. 주나라 경내에 들어선 그들은 주나라의 백성들이 서로 밭두둑을 양보하고 어른을 공경하며, 또 관리들이 자신의 권한을 다투지 않는 모습을 보고 몹시 부끄러웠다. 그들은 이렇게 말했다.

"우리가 다투는 것을 주나라 사람들은 부끄러운 짓으로 여기는 것 같군요. 그러니 가본들 무슨 소용이 있겠소? 그저 부끄러울 따름이지요."

이에 그들은 발길을 돌렸고 두 나라 사이의 이해다툼은 자연스럽게 해결되었다. 이 이야기를 전해 들은 제후들은 모두 감탄했다. 그리고 이내 그들 사이에 이런 말이 돌았다.

"서백은 하늘의 명을 받은 군주다."

그러자 숭후호崇侯虎가 주왕紂王 앞에서 문왕을 헐뜯었다.

"서백은 선행을 베풀어 제후들이 그를 따르고 있습니다. 이는 대왕께는 몹시 불리한 일입니다."

그러자 주왕은 문왕을 잡아 유리羑里에 가두었다. 유리는 지금의 하남성 탕음湯陰에 있었다. 문왕은 그곳에서 『주역周易』을 연구해 본래 팔괘八卦만 있던 것을 64괘로 확장했다고 전한다. 아무튼 문왕이 구금되자 주나라 대신들은 다급해졌다. 대신들은 갖은 궁리 끝에 많은 비용을 들여 유신씨有莘氏의 여인과 갈기가 붉고 몸통이 흰 여융驪戎의 문마文馬를 사들였다. 또 유웅씨有熊氏에게서 준마 서른여섯 필을 비롯해 여러 가지 보배를 사들였다. 대신들은 이를 상나라의 총신 비중費仲을 통해 주왕에게 바쳤다. 주왕은 매우 기뻐했다.

"한 가지만 있어도 서백을 풀어줄 수 있는 것을……. 이렇게 많이 가져오다니!"

주왕은 문왕을 즉시 풀어주었다. 유리에서 풀려난 이후로 문왕은 겉으로는 주왕을 섬겼지만 뒤로는 은밀히 군사 행동에 착수했다. 그는 서융西戎, 곤이昆夷, 밀수密須, 완阮, 공共 등을 차례로 정벌함으로써 향후 동쪽으로 진격함에 있어서 혹시 생길지도 모를 후환을 미리 제거했다. 이어서 도성을 풍豐으로 옮겼다. 풍은 지금의 서안西安 서남쪽에 있었다. 하지만 문왕은 상나라를 멸망시키지는 못하고 풍으로 도성을 옮긴 이듬해에 세상을 떠났다. 그러나 그는 상나라를 멸망시킬 수 있는 충분한 여건을 만들어 놓았고, 주나라는 이로부터 새로운 명운을 얻게 되었다.

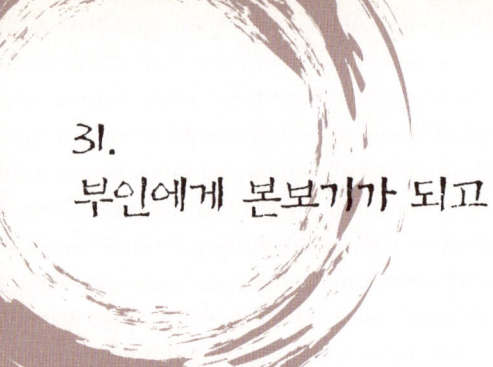

31.
부인에게 본보기가 되고

부인에게 본보기가 되고
형제에게 모범이 되더니
온 나라를 이끌어가시네

刑于寡妻형우과처, 至于兄弟지우형제, 以御于家邦이어우가방.
「대아 大雅 사제 思齊」

풀이

刑형 의법儀法, 제도.
御어 '아迓'와 통함. 본래는 '맞이한다'는 의미이나 여기서는 '두루 미침'의 의미임.
寡妻과처 정처正妻.

해설

「사제思齊」는 주나라 문왕이 성덕聖德으로 가족에게 모범이 되고 나아가 나라를 굳건하게 만든 행적을 칭송한 작품이다.

중국문화는 문왕에서부터 혈연에 근거한 종법宗法 제도를 핵심으로 하는 사회정치제도가 정착되었다. 국가 체제가 가정 윤리에서부터 확대되어 성립되게 된 것이다. 인용된 시구는 이런 사실을 묘사했다. 부부 관계에서 출발해 형제 관계로 확대되고, 다시 여기에서 군신 관계와 국가 관계로 확대되는데, 중국에서는 전통적으로 가정과 나라가 같은 구조를 지니며 일체를 이루었다.

가정의 화목함을 중시하는 것은 지금도 지키고 발전시켜야 할 전통적 미덕이다.

예화

서원여가 글을 보내 나태한 동생들을 일깨우다

당唐나라 때에 서원여舒元輿라는 인물이 있었다. 대대로 농사를 지으며 글을 읽는 서향書香 가득한 집안에서 태어난 그는 사람됨이 정직하였고 열심히 글공부를 하였다.

서원여는 집안에서 맏이로, 아래로 어린 두 남동생이 있었다. 그는 틈틈이 아우들의 글공부를 도와주면서 그들이 훌륭하게 성장하기를 기원했다.

하늘은 뜻있는 사람을 저버리지 않는 법이다. 넉넉하지 못한 살림살이에도 불구하고 10년에 걸친 부지런한 노력 끝에 서원여는 마침내 813년에 진사進士에 오르고 관직을 받게 되었다. 관료가 된 그는 능력과 추진력을 발휘해 남다른 업적을 남겼다. 직위는 계속 높아졌고, 마침내 재상 반열에 다음가는 동중서문하평장사에 이르렀다.

그런데 서원여는 바쁜 업무 때문에 고향의 가족을 찾아볼 기회가 거의 없었다. 무엇보다도 고향에 남겨둔 두 동생이 염려스러웠다. 고향에서 사람이 찾아오면 그는 먼저 동생들의 근황부터 물었고, 또 수시로 동생들에게 편지를 보내 안부를 물었다. 하루는 한 고향 사람이 서원여를 찾아왔다. 서원여는 기쁜 마음으로 그를 맞았다. 얼마쯤 이야기를 나누다가 동생들의 근황을 물었다. 그러자 고향 사람은 난감한 얼굴을 하며 대답을 망설였다. 서원여가 재촉했다.

"어서 말해 보시오."

고향 사람은 하는 수 없이 사실을 털어놓았다. 그의 말에 따르면 두 동생은 서원여가 집을 떠난 뒤부터 조금씩 게으름을 부리더니 서원여가 고관이 되자 그를 믿고 더 이상 노력하지 않는다는 것이었다.

"하루 종일 잠을 자지 않으면 밖으로 나돌아 다닙니다. 공부는 아예 손을 놓은 것 같습니다."

고향 사람이 돌아가자 서원여는 동생들에게 편지를 썼다. 하지만 서원여는 어떻게 써야 할지 막막했다. 그는 사방을 돌아보았다. 순간 벽에 걸어둔 보검寶劍이 눈에 들어왔다. 마음이 환해졌다. 그는 편지에 얼마 전에 있었던 한 사건을 적었다. 「이제제지석명병명貽諸弟砥石命幷銘」이라는 이 글은 매우 유명하다.

서원여가 거처하는 방에는 몇 해 전에 한 친구가 선물한 보검 한 자루가 걸려 있었다. 명장이 만든 매우 진귀한 보검으로, 서원여는 그것을 마치 보물처럼 아꼈다. 그는 특별히 멋진 상자를 만들어 보검을 넣어두었다. 그런데 몇 년이 지나 상자를 열어보았더니, 칼은 온통 녹슬어 있었다. 깜짝 놀라 숫돌로 갈아 본래대로 돌려놓으려 했지만 마땅한 숫돌이 없었다. 후에 기산岐山을 지나다가 우연히 고운 무늬가 있는 돌을 발견했는데, 숫돌을 만들기에 적당해 보였다. 그가 돌을 주워와 경험 많은 석공에게 물어보았더니, 숫돌로 쓰기에 아주 적합한 돌이라고 했다. 서원여는 기뻐하며 직접 보검을 갈았다. 며칠 동안 갈자 녹은 사라졌지만 칼날은 여전히 무딘 채로 있었다. 아무리 해도 처음처럼 날카로워지지 않았다. 서원여는 몹시 실망했다.

'며칠이나 갈았는데도 왜 칼날이 서지 않을까?'

서원여는 석공이 자신을 농락했다는 생각이 들었다. 석공에게 달려가 따지자 석공은 껄껄 웃더니 이렇게 말했다.

"돌이 문제가 아니라 가는 솜씨 때문입니다."

"대관절 어떻게 갈아야 한다는 것이오?"

"이런 돌은 재질이 아주 고와서 단기간 내에 쇠붙이를 날카롭게 만들지는 못합니다. 하지만 천천히 계속하면 한 달 안에 효과가 나타날 것입니다."

서원여는 석공의 말대로 인내심을 갖고 칼날을 갈았다. 한 달이 가까워지자 칼날은 과연 달라졌다. 사람의 얼굴이 비춰질 정도로 반짝였고, 칼날은 처음보다도 더 날카로웠다. 시험 삼아 동전 수십 개를 잘라 보았더니 모두 예리하게 갈라졌다.

서원여는 이 일을 동생들에게 적어 보내면서, 그들이 이 일화를 듣고서 무언가를 깨닫고 현재의 생활 태도를 고치게 되기를 기대했다. 사람도 꾸준히 갈고 닦아야만 무언가를 얻을 수 있는 법이다. 숫돌에 칼날을 가는 것처럼 노력해야만 빛을 발할 수 있는 법이다. 서원여는 편지의 말미에 이렇게 썼다.

"사람이 살면서 눈이 멀거나 귀가 멀거나 벙어리가 되지 않는다면 건강한 사람이다. 하지만 덕행을 닦지 않고 멋대로 행동하는 것은 더러운 먼지가 쌓이는데도 깨닫지 못하는 것과 같다. 그렇게 오랜 시간이 지나면 사람이 지닌 선량한 본성은 사라지고 말 것이다. 그런 사람은 살아서는 산송장일 것이고, 죽어서는 흙이 되어 버릴 뿐이다. 이런 삶은 하늘이 준 시간을 저버리는 것이 아니겠느냐?"

서원여는 실천을 중요하게 여겼다. 당시 조정에서는 환관들이 권력을 장악해 관직을 팔아먹는 등 나라와 백성에게 해를 입혔다. 충직한 대신의 한 사람인 서원여는 이런 환관들을 제거하려고 적극적으로 나섰다가 피살되고 말았다.

32.
맨 처음에 주나라 사람을

맨 처음에 주나라 사람을
강원 그분이 낳으셨도다

厥初生民궐초생민, 時維姜嫄시유강원.

「대아大雅 생민生民」

풀이

厥궐 조사.
民민 사람. 여기서는 주나라 민족의 시조인 후직后稷을 가리킴.
時시 바로.
姜嫄강원 전설에 따르면 후직의 어머니라고 함.
初초 당초, 최초.
維유 조사.

해설

「생민生民」은 주나라 민족의 기원에 관한 전설을 담은 작품이다. 작품에는 주나라 민족의 시조인 후직后稷의 신비한 탄생과 성장 과정, 씨를 뿌리고 밭을 갈고 거두는 농사일의 전파, 수확한 뒤에 하늘에 감사제를 지내는 기쁜 마음 등이 담겨 있다.

중국 문명의 기원은 주나라의 역사보다 앞서지만 수천 년 동안 이어진 농업문명을 기반으로 하는 문화심리, 예의규범, 전장제도는 주나라 때부터 확립되기 시작했다. 때문에 이 작품은 역사자료로서의 가치와 더불어 문화학적 의미를 지닌다.

한편, 「생민」은 독특한 문학적 가치를 지닌다. 『시경』에서 시작된 중국의 고전 시가는 서정 중심의 전통을 지닌다. 서사시는 많지 않은 편이다. 특히 그리스나 인도와 같은 장편의 역사시는 찾아보기 어렵다. 그러나 「생민」을 비롯한 「대아大雅」의 「대명大明」, 「면綿」, 「황의皇矣」, 「공유公劉」 같은 작품은 주나라 민족의 기원과 변천을 서술한 역사시의 색채를 지니고 있어서 특별한 문학사적 지위를 지닌다.

예화

기가 농사기술을 가르쳐 주나라의 기틀을 다지다

하夏나라 때에 관중關中 평원의 동쪽에는 농사를 지으며 생활하는 유태씨有邰氏라는 씨족부락이 있었다. 유태씨에는 강원姜嫄이라는 여인이 있었다. 그녀는 경건하게 제사와 기도를 올려 신명을 받들었는데, 그녀가 받드는 신명 가운데는 매신禖神이 있었다. 매신은 자손의 생육을 관장하는 신이었다.

강원은 아들을 낳기를 소망했다. 그녀는 어느날 교외로 나가 향불을 피웠다. 한 줄기 푸른 연기가 허공으로 피어올랐다. 이런 제사 방식을 '인禋'이라고 한다. 강원은 자신의 소망을 담은 향불 연기가 하늘의 신명에게 전해지기를 기원했다. 부락으로 돌아오던 길에 강원은 난생 처음 보는 거대한 발자국을 발견했다. 자기 발을 거기에 대보니 엄지발가락 크기에 지나지 않았다. 실로 불가사의한 일이었다.

'이렇게 엄청난 발을 가진 자는 도대체 누구일까?'

강원은 의문에 휩싸여 집으로 돌아왔다. 강원은 자신이 밟은 발자국이 천지신명의 발자국이라는 사실을 전혀 알아차리지 못했다. 뒤이어 희한한 일들이 꼬리를 물었다.

얼마 후 강원은 태기가 있었다. 관습에 따라 강원은 독방에 안치되어 적절한 보호를 받았다. 첫 임신이었지만 모든 과정은 순조롭게 진행되었고, 산달이 되자 건강한 사내아이를 낳았다. 그런데 아이가 태어나자 또 다른 문제가 불거졌다. 강원은 아직 미혼이었다. 때문에 아이는 어떻게 생겼으며, 또 아이 아버지는 누구인지 하는 것들을 구체적으로 밝혀야 했다. 하지만 이미 어머니가 된 강원도 이를 해명할 방법이 없었다.

'혹시 이 일이 부락에 재앙을 가져오지는 않을까?'

강원은 불안한 나머지 결국 고통스러운 결정을 내렸다.

강원은 아이를 안고 몰래 집을 빠져나가 외진 골목길로 들어섰다. 그리고 눈물을 머금고 갓난아이를 그곳에 내려놓았다. 얼마 후 골목을 다시 찾아간 강원은 자신의 눈을 의심했다. 아이는 건강하게 자라고 있었다. 아이가 배가 고프거나 목이 말라 울면 지나가던 소와 양이 아이에게 젖을 물렸다.

강원은 다시 아이를 안고 사나운 들짐승이 출몰하는 숲으로 갔다. 아이를 숲속에 버릴 생각이었다. 하지만 그곳에는 나무꾼들이 한창 나무를 하고 있었다. 강원은 하는 수 없이 숲에서 나와 차가운 얼음판에 아이를 내려놓았다. 그러자 새들이 무리지어 날아오더니 아이를 날개로 따뜻하게 덮어주었다. 새떼가 떠나자 아이는 울기 시작했다. 우렁찬 울음소리였다.

이런 신기한 일을 경험하자 강원은 마침내 아이는 신이 내린 것이라고 믿게 되었다. 강원은 고민을 털어버리고 아이를 안고 집으로 돌아와 정성껏 돌보았다. 불행하면서도 신기한 아이의 경험을 기념하고자 아이의 이름을 '기棄'라고 붙였다. 기는 어머니의 세심한 보살핌 속에 무럭무럭 자랐다. 기는 금세 기더니 이내 두 발로 일어섰고 배가 고프면 먹을 것을 찾아 먹었다.

소년 시절 기는 영리한 아이였다. 그는 농사에 무척 흥미를 가졌는데, 그가 가장 좋아하는 놀이는 바로 부족의 사람들과 함께 들판에서 일하는 것이었다. 기가 사는 마을에는 칠저漆沮라는 작은 시내가 있었다. 칠저는 굽이져 흐르다가 위하渭河로 합류되는데, 그 유역은 땅이 비옥해 농사를 짓기에 안성맞춤이었다. 기는 특히 콩과 보리를 심고 가꾸기를 좋아했다. 콩과 보리가 싹이 돋아 들판을 푸르게 물들일 적이면 기는 기뻐서 어쩔 줄을 몰라 했다.

시간은 쏜살처럼 흘렀다. 기는 어느덧 장성하여 훌륭한 농사꾼이 되었다. 기는 농사기술을 개량했고, 그것을 사람들에게 가르쳐 주어 농업생산량을 높였다. 또 토질을 꼼꼼히 살펴 어떤 작물이 재배하기 좋은지 찾아냈고, 잡초를 제거해 재배 면적을 늘리고 작물의 성장을 도왔으며, 좋은 종자를 골라냈다. 기는 들판에 대한 열정을 지켜 나갔다. 그는 날마다 들판에 나가 작물이 자라는 모습을 세심히 살폈다. 싹이 트고, 이삭이 달리고 여무는 하나하나의 변화는 기를 더없이 즐겁게 만들었다. 물론 그에게 있어서도 가장 즐거운 순간은 수확의 계절이었다. 기는 부족의 사람들과 함께 들판에 나가 일하면서 조금도 피로를 느끼지 않았다. 누렇게 익어 가는 곡식이 들판을 뒤덮으면 사람들은 풍성한 수확의 기쁨에 서로 얼싸안고 기뻐했다.

당시에도 수확을 하면 하늘에 감사제를 올리는 관습이 있었다. 여기에는 부락민이 모두 참여했다. 곡식을 찧는 사람, 곡식을 솥에 안치는 사람, 돼지와 양을 잡는 사람 등 모두들 제각기 분주했다. 기는 부락민들을 이끌고 하늘에 제사를 올려 풍성한 수확에 감사드리고, 내년 농사도 순조롭게 되기를 기원했다.

기의 명성은 점점 멀리까지 퍼져 나갔다. 소문을 듣고 많은 사람들이 태邰로 옮겨왔고, 앞선 농사기술을 배웠다. 부락은 갈수록 그 규모가 커졌다. 하나라 임금은 기의 업적을 전해 듣고 그를 '후직后稷'에 임명했다. 후직은 농업을 담당하는 대신의 직책이었다.

훗날 기가 세상을 떠나자 사람들은 그를 농사의 신神으로 받들었다. 후직의 부락은 앞선 농사기술을 바탕으로 더욱 발전했다. 결국 그들은 주나라를 세웠고, 기는 주나라 민족의 시조로 받들어졌다.

33.
술에 실컷 취하였고

술에 실컷 취하였고
덕에 실컷 배불렀네

旣醉以酒기취이주, 旣飽以德기포이덕.

「대아大雅 기취旣醉」

| 풀이 |

旣기 완전히. 　　　　　　醉취 술에 취함.
飽포 배가 부름.

해설

「기취既醉」는 주나라 귀족이 종묘에서 제사를 올리고 주인을 송찬하고 축복한 노래다. "술에 실컷 취하고, 덕에 실컷 배불렀네."라는 말은 훗날 연회가 끝난 뒤에 손님이 주인에게 감사를 드리는 말이 되었다.

「소아」의 「담로湛露」가 단순히 술에 취한 떠들썩한 광경을 담아낸 것과는 달리, 「기취」는 '술'과 '덕'을 하나로 연관시켜 덕의 고귀함을 칭송한 작품이다. 예로부터 술 잘 마시기로 유명한 사람들은 역사에 이름을 남겼다. 하지만 그들이 역사에 이름을 남기게 된 것은 그들이 단지 술을 잘 마셨기 때문이 아니라 그들의 덕행이 사람들의 존경을 받았기 때문이다. 그렇지 않다면 일개 술주정뱅이에 지나지 않는다. 그런 사람들이 존경받을 가치가 있겠는가?

예화

진준이 술과 덕을 조화시켜 사람들을 불러 모으다

서한西漢 말기에 진준陳遵이라는 명사가 있었다. 진준은 술을 좋아하고 잘 마시기로 역사에 이름을 남긴 인물이다.

진준은 연회를 열 때마다 손님이 오면 대문을 잠그고 타고 온 수레는 차축과 바퀴를 뽑아 우물에 던졌다. 때문에 손님들은 달아나고 싶어도 달아날 수 없었고, 결국 진준이 권하는 대로 마시고 취하는 수밖에 없었다.

한번은 자사 벼슬을 하는 한 관리가 상급 관서에 보고를 하러 가다가 진준의 집에 들렀다. 마침 진준은 손님을 청해 술을 마시고 있었다. 그 관리는 술자리에 함께하게 되었다. 진준은 그 날도 대문을 닫고 손님들이 빠져나가지 못하게 하고 억지로 술을 먹였다. 자사는 이러지도 저러지도 못하고 애간장만 태웠다. 언제 빠져나갈 수 있을지 알 수 없었다. 자사는 영리한 사람이었다. 그는 진준이 취기가 돌았다고 판단되자 슬그머니 내실로 들어가 진준의 어머니에게 도움을 청했다. 진준의 어머니는 그를 도와 뒷문으로 빠져나가게 했다. 이 일은 당시 재미있는 일화로 널리 전해졌다.

진준은 사람됨이 공평해서 좋은 평판을 받았다. 그는 가는 곳마다 유력자들의 초대를 받았으며, 술을 좋아하는 사람들은 그를 찾아가 함께 흠뻑 취하게 마시기를 원했다. 때문에 진준의 집에는 "항상 손님들로 들끓었고, 술독에는 술이 비지 않았다." 진준은 비록 술을 즐겼지만 일처리만큼은 빈틈이 없었다.

당시 조정에 진준과 성은 물론 자字가 똑같은 관리가 있었다. 진준은 자가 맹공孟公이었다. 한번은 그 관리가 한 집을 찾아갔는데, 문지기가 진맹공이 찾아왔다고 알렸다. 그러자 거기 있던 사람들은 모두 낯빛이 변했다. 그런데 알고 보니 자신들이 생각한 진준이 아니어서 모두 한바탕 웃고 말았다. 이 일로 그 관리는 좌중을 놀라게 했다는 의미에서 '진경좌陳驚座'라는 별명을 갖게 되었다.

서한 말기에는 정치가 부패해 백성들의 생활이 고달팠다. 이 틈에 외척 왕망王莽이 황제의 자리를 빼앗고 재주와 학문이 있는 선비들을 끌어들이려 했다. 당시 조정 대신들은 진준을 추천했고, 진준의 명성을 익히 들어 알고 있던 왕망은 진준을 하남태수에 임명했다. 진준은 하남태수로 부임하자 필체가 좋은 아전 열 명을 불러 앉히고, 대신 편지를 쓰게 하여 장안長安에 있는 벗들에게 보냈다. 진준이 내용을 불러주면 아전들이 받아 적는 방식으로 수백 통의 편지를 썼다. 진준은 공무도 아주 합리적으로 처리했다. 하남 지방 사람들은 이런 모습에 크게 감탄했다. 하지만 진준은 예법에 구속되는 도학자와는 달랐다. 그의 품행과 덕망은 마음에서 우러난 순수한 것이었다. 벗과 어울려 술을 마시는 것도 인생의 즐거움이자 자유로운 개성의 표현이었다. 하지만 세간 사람들의 눈에는 황당하게 비쳐졌다. 결국 이는 사람들의 비난을 샀고, 겨우 석 달 만에 파직되고 말았다.

진준이 파직된 경위는 이렇다. 진준이 하남태수에 임명되었을 때 아우 진급陳級은 형주목이 되었다. 형제는 임지로 떠나기에 앞서 장안에 있는 벗들과 작별 인사를 나누었다. 한번은 죽은 벗인 회양왕淮陽王의 아내 좌씨左氏에게 작별 인사를 하려고 찾아갔다가 함께 술을 마셨는데, 이 일이 사람들에게 알려졌고, 진숭陳崇이 진준 형제를 탄핵했다.

"진준 형제는 누구보다도 황상의 은혜를 입었습니다. 진준은 제후의 작위와 군수의 직책을 받았고, 진급은 주목이 되었습니다. 그들의 본분은 정직한 사람을 발굴하고 사악한 자에게는 벌을 내려 성상聖上의 교화를 펴는 것입니다. 그런데 그들은 정작 자신을 바르게 하는 데는 소홀합니다. 그들은 관직을 받자마자 시정 뒷골목으로 과부인 좌아군左阿君을 찾아가 함께 술자리를 벌이고 온갖 추태를 부렸습니다. 날이 저물어서도 거기 머물며 좌아군에게 계집종처럼 시중을 들게 하였습니다. 그들은 음주에는 절제가 따라야 하고, 과부의 집에 들어가서는 아니 된다는 것을 알면서도 그렇게 하지 않았습니다. 그들은 작위와 관직을 더럽혔으니 파직하십시오."

진준은 결국 파직되어 장안의 집으로 돌아가게 되었다. 하지만 그가 돌아가자 그를 찾는 사람들은 더욱 늘어났고, 여전히 예전처럼 함께 어울려 술을 마셨다. 많은 사람들은 진숭과는 다른 도덕적 판단 기준을 가지고 있었던 것이다. 진준이 술을 즐긴 것은 칭송할 일이 아니다. 하지만 그는 인간의 개성을 속박

하는 예교의 속박 아래서 술을 반항의 도구로 삼아 자신의 활달한 도량과 고귀한 자질을 내보인 것이었다. 진준은 술과 덕을 완벽하게 조화시킴으로써 많은 사람들을 자신의 술벗으로 만든 것이다.

34. 은나라의 거울 멀리 있지 않았으니

은나라의 거울 멀리 있지 않았으니
하나라 걸왕의 세상을 보면 되었지

殷鑒不遠은감불원, 在夏后之世재하후지세.

「대아大雅 탕蕩」

> 풀이

殷은 상商나라. 상나라는 여러 차례 수도를 옮겼는데, 반경盤庚이 지금의 하남성 안양安陽인 은殷으로 천도한 이래로 안정을 찾았기에 은나라로도 불림.

鑑감 고대의 청동기물의 하나로 물을 담아 모습을 비춰보아 일종의 거울 역할을 하였음. 여기서는 하나라의 걸왕이 스스로 멸망을 자초한 역사적 사실을 은나라의 교훈과 귀감으로 삼는다는 의미임.

夏后하후 하나라의 마지막 군주인 걸왕桀王. 이름난 폭군으로 상탕商湯에게 멸망당함.

해설

「탕蕩」은 주나라 때에 소목공召穆公이 여왕厲王의 전횡무도를 풍간한 작품이다. 소목공은 작품에서 망국의 군주인 하나라 걸왕桀王과 상나라 주왕紂王의 사례를 들며 여왕에게 인정仁政을 베풀어 이들의 전철을 밟지 말 것을 풍간했다.

문왕文王의 어투를 빌려 기술된 이 작품은 구상은 자못 절묘하지만 조정 중신의 신분인 소목공이 이런 방식으로 간언을 할 수밖에 없었다는 것은 여왕의 폭정이 얼마나 심했는지를 잘 보여준다. 여왕은 자신의 잘못을 전혀 뉘우치지 않았고, 결국 평민들의 폭동을 불러들여 수백 년 사직의 주나라를 몰락하게 만들었다.

여왕은 마침내 걸왕과 주왕의 뒤를 이은 역사상의 폭군으로 기록되었고, 소목공의 일편단심은 물거품이 되었지만 소목공이 남긴 작품은 길이 전해진다. 특히 여기 인용된 마지막 구절은 널리 알려져 있다. "은나라를 거울삼는다"는 말은 옛사람들에게 실패의 교훈을 본보기로 삼으라는 의미로 상용하던 경구가 되었다.

예화

은나라 주왕이 황음무도함으로 나라를 멸망으로 이끌다

주왕紂王은 상나라의 마지막 군주이다. 그는 제을帝乙의 아들로, 역사가들은 그를 제신帝辛으로 부른다.

주왕은 타고난 자질이 총명했으며 언변이 뛰어났다. 하지만 그의 총명함과 언변은 나라를 다스리는 데는 전혀 도움이 되지 않았다. 그는 대신들이 간언을 하면 늘 구실을 찾아 반박했는데, 그것은 자기 잘못에 대한 교묘한 변명이었다. 그는 자신은 능력이 뛰어나며 세상에 자신을 능가할 사람은 없다고 생각했다. 그는 맨손으로 맹수와 맞붙어 싸울 정도로 용맹한 사내였지만 그의 용맹함은 바르게 쓰이지 못하고 그저 향락을 추구하거나 바른 말을 하는 대신들을 폭행하는 데 쓰였다.

주왕은 실로 황음무도한 임금이었다. 상나라는 수백 년의 역사와 넓은 강토 그리고 번영한 사회를 가진 나라였지만 주왕은 만족하지 못했다. 그는 도성 은殷을 남쪽으로는 조가朝歌까지, 북쪽으로는 한단邯鄲과 사구沙丘까지 넓히려고 했다. 그는 도처에 많은 별궁을 지었는데, 그 가운데 사구에 지은 원대苑臺가 가장 유명하다. 주왕은 원대에 세상의 온갖 진귀한 금수를 모아 놓고 길렀다. 이는 백성들의 재물과 힘을 해치는 것이었지만, 주왕은 자신의 즐거움만 알 뿐 백성들의 고충은 조금도 헤아리지 않았다. 세금과 요역이 가중되자 백성들의 분노는 끓어올랐다. 그럼에도 주왕은 술과 여색에만 탐닉했다.

주왕은 달기妲己를 유난히 아꼈다. 달기의 청이라면 그는 무엇이든 들어주었다. 주왕은 달기를 즐겁게 해 주려고 악사 사연師涓을 불러 새로운 음악과 춤을 만들게 했고 사연은 제왕의 권위에는 전혀 걸맞지 않은 음탕한 음악과 춤을 만들었다. 사구에 지은 원대는 음락淫樂의 소굴이었다. 주왕은 허구한 날 사대에서 연회를 열고 달기를 끼고 놀면서 국정은 아예 뒷전으로 밀어두었다. 게다가 사구에는 연못을 파서 술을 가득 채우고 고깃덩이를 나무에 매달아 놓고 남녀들을 모두 벌거벗게 하여 마음껏 어울려 놀게 했다. 역사에서는 이를 '주지육림酒池肉林'이라고 말한다.

마침내 백성들의 원성이 여기저기서 터져 나왔고, 이에 제후들도 하나씩 주왕을 배반했다. 하지만 주왕은 자신의 잘못을 뉘우치기는커녕 극악한 형벌로 사람들을 위협했다. 주왕은 포락형炮烙刑이라는 형벌을 만들어 냈다. 그것은 구리기둥을 불더미에 올려놓고 달군 다음 죄인에게 그 위를 기어가게 하는 것이었다. 사람들은 뜨거운 구리기둥에서 떨어져 산 채로 타죽었다. 주왕은 이를 문제 삼는 대신에게도 가혹한 형벌을 내렸다.

주왕은 희창姬昌, 구후九侯, 악후鄂侯를 삼공三公에 임명했는데, 구후에게는 아름답고 정숙한 딸이 있었다. 구후는 자기 딸을 주왕에게 바쳤다. 딸을 통해 주왕에게 자연스럽게 간언을 하려는 의도였다. 하지만 주왕은 구후의 딸이 노는 것은 좋아하지 않고 간언만을 일삼자 결국 구후와 구후의 딸을 죽여 육장肉醬으로 만들었다. 악후는 주왕과 시비를 따지다가 말문이 막힌 주왕에게 죽임을 당해 육포肉脯가 되었다. 희창은 주왕의 포악한 행위를 탄식했다가 유리羑里라는 곳에 갇히는 신세가 되었다. 다행히 그의 신하가 주왕에게 재물과 미녀를 바쳐 겨우 풀려날 수 있었다.

주왕의 이복형인 미자계微子啓는 여러 차례 주왕에게 간언을 했지만 주왕은 전혀 받아들이지 않았다. 미자계는 구후와 악후의 최후를 보면서 주왕의 곁을 떠나기로 마음먹었다. 그런데 주왕의 숙부 비간比干이 이를 반대했다.

"신하는 목숨을 돌보지 않고 사리에 따라 간언해야 하오."

비간은 주왕에게 간언을 했고, 진노한 주왕은 비간에게 이렇게 말했다.

"성인聖人의 심장에는 일곱 개의 구멍이 있다고 하더군. 당신이 성인인지 아닌지 내가 살펴봐야겠소."

주왕은 살아 있는 비간의 심장을 파내게 했다. 주왕의 아우 기자箕子는 이런 사실을 알고 거짓으로 미치광이 흉내를 냈지만, 역시 주왕에게 갇히고 말았다. 태사와 소사는 이런 모습을 보고 제사용 악기를 들고 주나라로 달아났다. 마침내 주왕 주위에는 간신배들만 남게 되었다. 비중費仲은 아첨에 능하고 재물을 탐내는 인물이었지만 주왕은 그런 비중을 오히려 신임했다. 오래惡來라는 인물은 남을 이간질하는 능력이 뛰어났지만, 주왕은 그를 중용했다. 또 주왕은 현능한 인물을 헐뜯기 좋아하는 숭후호崇侯虎를 신임했다. 주왕은 안으로는 소인배를 믿어 정치를 문란하게 만들고, 밖으로는 군사력을 약화시켰다. 그는 동쪽의 이족夷族과 대규모 전쟁을 벌여 많은 노예와 재물을 약탈했다. 하지만 잇따른 전쟁은 백성들의 부담을 가중시켰고, 견디지 못한 백성들은 마침내 반기를 들었다.

한편, 유리에서 풀려난 문왕은 주나라로 돌아가자 즉시 상나라를 쳐부술 준비에 착수했다. 그는 일단 동쪽으로 세력을 뻗쳐 상나라의 부속국인 여黎를 멸망시키고 주왕의 반응을 살폈다.

대신 조이祖伊가 주왕에게 이 일을 보고했지만 주왕은 전혀 개의치 않았다.

"무슨 걱정인가? 어차피 하늘의 뜻은 내게 있거늘!"

조이는 속으로 탄식했다.

'정말 치료할 약이 없구나!'

주나라 문왕이 세상을 떠나자 아들 희발姬發이 문왕의 유지를 받들었다. 희발이 군사를 이끌고 주왕을 정벌하러 나서자 은나라에서 마음이 떠난 제후들이 여기저기서 호응했다. 기원전 1027년 2월 5일, 쌍방은 상나라 도성의 교외에 있는 목야牧野라는 벌판에서 결전을 벌였다. 주왕의 군사들은 줄줄이 무기를 내던지고 달아났다. 주왕은 녹대로 달아났다가 스스로 불더미에 뛰어들어 분신했다.

상나라 주왕이 하나라 걸왕을 교훈으로 삼지 못하고 황음무도한 행위로 나라를 멸망으로 이끈 일은 후세에 길이 경계가 되었다.

35. 날 적에는 누구에게나 있지만

날 적에는 누구에게나 있지만
끝까지 지키기란 어려운 것을

靡不有初미불유초, 鮮克有終선극유종.

「대아 大雅 탕 蕩」

풀이

靡미 없음. '無'와 통함.
初초 사람이 태어날 적에 지닌 애초의 본성.
鮮선 적음.   克극 '능能'과 같음.
終종 사람이 늙어서도 본연의 성품을 보존함.

해설

「탕蕩」은 분명한 비판의 대상을 둔 작품이지만, 많은 구절은 또한 보편적 의미를 지니고 있다. 예컨대 여기에 인용한 시구는 흔히 말하는 '유시유종有始有終'과 그 의미가 비슷하다. 작게는 한 가지 일에 대한 평가이고, 크게는 한 개인의 일생에 대한 평가이기도 하다.

"날 적에는 누구에게나 있지만, 끝까지 지키기란 어려운 것을"이라는 구절은 사람은 어려서부터 훌륭한 자질을 함양해야 하고, 또 세상을 살아가면서 타고난 본연의 착한 성품을 지켜야 한다는 의미를 담고 있다.

예화

양소가 젊은 시절의 초심을 잃고 죽어서도 욕을 당하다

수隋나라 때에 문무文武를 겸비하고 지략이 뛰어난 양소楊素라는 인물이 있었다.

양소는 젊은 시절에 원대한 포부와 구속되지 않는 성품을 지니고 있었는데, 주변 사람들은 그런 그를 쉽게 이해하지 못했다. 하지만 작은 조부 양관楊寬만은 그를 크게 될 재목으로 여겼다. 양관은 늘 자식들에게 이렇게 말했다.

"양소는 행실이 예사 사람들과는 다르다. 너희들은 절대로 그를 능가하지 못한다."

후에 양소는 우홍牛弘이라는 사람과 의기투합해 서로를 격려하며 유가 경전과 역사서를 두루 독파했다. 또한 문장을 비롯해 초서와 예서 등 서예와 점성술에도 일가견을 갖게 되었다. 깊고 넓은 지식, 뛰어난 재주, 당당한 외모를 지닌 젊은 양소를 당시 사람들은 모두 준재로 여겼다.

양소는 북주北周의 권신 우문호宇文護에게 발탁되어 대도독이라는 직책에 올랐다. 양소는 자신에게 주어진 직분을 충실히 수행했다. 그런데 양소의 부친 양부楊敷가 북제北齊와의 전투에서 전사했는데, 조정에서 아무런 포상이 없었다. 양소는 상소문을 올려 이 문제를 따졌다. 하지만 무제武帝는 여전히 대꾸가 없었다. 양소가 거듭 상소를 올려 시비를 따지자 무제는 분노해 양소를 참수하라고 명령했다. 양소는 조금도 두려워하지 않고 당당한 목소리로 이렇게 말했다.

"무도한 황제를 섬겼으니 죽음은 예견된 것이었다."

무제는 양소의 이 말에 그가 진정 용기 있는 인물이라는 사실을 알게 되었다. 이에 무제는 양소를 풀어주고 그의 요청대로 양부를 대장군에 추증하고 충장忠壯이라는 시호를 내렸다.

이 일이 있은 뒤로 무제는 양소를 중용했다. 한번은 무제가 양소에게 조서詔書를 작성하게 했다. 양소는 붓을 들고 조서를 작성해 나갔는데 문장이 무척 훌륭했다. 무제는 기뻐하며 이렇게 칭찬했다.

"부지런히 힘쓰게. 부귀를 얻지 못할까 염려할 필요는 없네."

양소는 무제의 말에 이렇게 화답했다.

"부귀가 저를 옥죌까 걱정스러울 따름입니다. 부귀를 얻고 싶은 마음은 없습니다."

이 무렵까지만 하더라도 양소는 재물을 가볍게 여기고 의리를 소중히 여긴 영걸이었다. 그러나 관직이 높아지고 권세가 커지면서 양소의 생각도 달라지기 시작했다.

훗날 수隋나라 문제文帝가 통일 왕조를 세울 적에 양소는 큰 공을 세웠다. 문제는 북주의 무제보다 훨씬 양소를 신임했다. 심지어 문제는 외국 사신이 가져온 황금 쟁반을 양소에게 선사하기도 했다. 양소는 물론 그의 형제, 자식, 조카까지도 아무 공이 없었음에도 고관의 자리에 올랐다. 이 무렵 양소는 신하로서 최고의 자리에 올랐고 부귀함도 비할 바가 없었다. 하지만 이런 권력, 지위, 재물은 양소의 본성을 흐려놓았다. 지난날 부귀를 원치 않는다던 그의 말은 이제 빈말이 되고 말았다.

양소는 끝없는 탐욕으로 빠져 들었다. 그의 집안에는 세상에서 진귀한 보배들이 모두 갖춰져 있었다. 그는 부동산에도 손을 댔다. 그는 장안長安과 낙양洛陽에 황제의 궁궐에 버금가는 웅

장하고 화려한 저택을 지었는데, 때로는 아침에 완공했다가 마음에 들지 않는다며 저녁에 헐어 버리는 일도 있었다. 전국 각지로 이어지는 주요한 도로마다 그가 운영하는 여관과 점포가 있었고, 각지에 퍼져 있는 농토는 얼마나 되는지 알 수 없었다. 그의 저택에서 일하는 하인은 수천 명이나 되었다. 하인 가운데는 강남 출신의 문인과 선비들이 많이 포함되어 있었는데, 그들은 양소가 강남을 평정하던 당시에 붙잡혀 온 사람들이었다. 양소는 또 각지에서 여인을 모아들였는데, 그의 저택에는 화려한 차림의 가기歌妓가 천 명도 넘었다.

양소는 이제 정치적으로도 더 이상 정의를 따지지 않았다. 그는 자신의 자리와 재산을 지키기 위해 음험하고 배은망덕한 사람이 되었다. 문제는 양소를 믿고 온갖 은혜를 베풀었지만, 양소는 태자 양광楊廣에게 문제를 죽이고 황제의 자리에 오르라고 꼬드겼다. 이 일은 성공했지만 양소의 이런 행동은 결국 그에게 죄과를 치르게 하였다. 새로 황제의 자리에 오른 양광은 양소 일가의 권력을 극도로 경계했다. 이는 결국 양소의 아들 양현감楊玄感을 압박해 군사 반란을 일으키게 만들었고, 반란에 실패한 양소의 일족은 멸족되었다. 당시 양소는 이미 세상을 떠나고 없었지만 관이 뜯기고 시신이 채찍질당하는 치욕을 당했다.

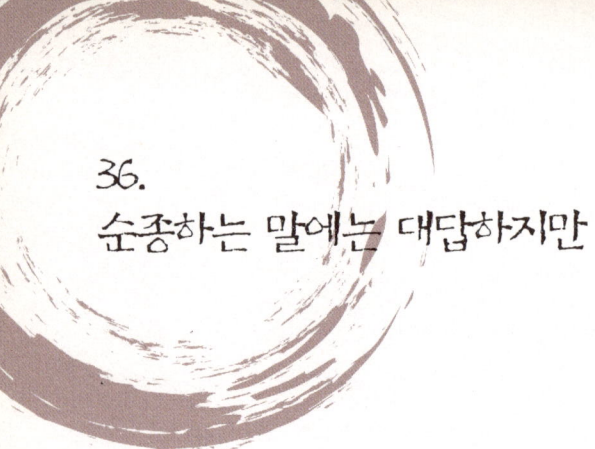

36.
순종하는 말에는 대답하지만

순종하는 말에는 대답하지만
풍간하는 말에는 취한 체하네

聽言則對청언즉대, 誦言如醉송언여취.

「대아 大雅 상유 桑柔」

풀이

聽청 따름. 순종함. **對**대 대답함.
誦송 풍간諷諫함.

해설

「상유상유桑柔」는 주나라의 예백芮伯이 여왕厲王을 풍자한 작품이다. 예백은 주나라 여왕의 신하로, 여왕이 영이공榮夷公 같은 간사한 인물을 등용해 조정을 어지럽히자 이를 풍간하고자 이 작품을 지었다고 전한다. 작자는 간결하면서도 정련된 언어로 간신배의 말을 듣고 충언을 받아들이지 않는 어리석은 임금의 모습을 생생하게 담아냈다.

사람들은 남의 평가를 통해 자신을 인식하고 자신의 행동을 고친다. 그런데 사람은 누구나 남에게 칭찬을 받고 또 마음에 드는 말을 듣기 좋아한다. 그러나 상황에 따라 아첨하는 자의 말은 진실성을 담보하지 못하기 때문에 자칫 잘못된 인식을 가져올 수 있다. 또 자기가 옳다고 여기고 남의 비판은 받아들이지 못할 수도 있다. 그러므로 듣기에는 거슬리더라도 진실하고 도움이 되는 말에 관심을 가져야 한다.

옛사람은 "좋은 약은 먹기에는 쓰지만 병에는 좋고, 충직한 말은 듣기에는 거슬리지만 행동에는 이롭다."고 했다. 또 "남이 하는 말을 두루 들으면 사리를 명확히 알게 되고, 한쪽편의 말만 들으면 사리에 어둡게 된다."고 했다. 이런 말은 모두 같은 의미를 담고 있다.

예화

배온이 양제의 의중을 헤아려 선량한 인물을 해치다

배온裵蘊은 수나라에서 고관을 지낸 인물이다. 그는 원래 진陳나라의 신하였는데, 양견楊堅이 진나라를 정벌하자 자신의 출세를 위해 반란군에 호응해 진나라의 멸망을 도왔다. 이런 공로와 남의 의중을 잘 헤아리는 능력 때문에 배온은 수나라 고조高祖 양견의 총애를 받았다. 나중에 수나라가 건국되자 관운이 형통해 양제煬帝 때는 어사대부가 되어 국가기밀을 맡아보게 되었다.

배온은 황제의 의중을 잘 헤아렸다. 그는 형벌을 관장하던 당시에 양제가 불만을 품은 사람에 대해서는 꼬투리를 잡아 함정에 빠뜨렸고, 반대로 황제가 비호하려는 사람에 대해서는 큰 죄도 사소한 잘못으로 둔갑시켜 가볍게 처벌했다.

양현감楊玄感이 반란을 일으켰다가 진압되자 양제는 배온에게 양현감 일당을 처단하게 했다.

"양현감의 반란에 호응한 자가 십만 명을 헤아리오. 양현감을 추종하는 무리들을 모두 쓸어내야만 세상 사람들을 경계시킬 수 있을 것이오."

배온은 양제의 의중을 헤아리고 양현감을 추종하는 사람 수만 명을 살해하고, 양현감의 가족들을 노비로 삼았다. 양제는 그가 일을 잘 처리했다고 칭찬하며 노비 15명을 하사했다.

당시 사예대부 설도형薛道衡은 강직한 인물로 명성이 자자했다. 그는 일찍이 고조 황제를 보필해 천하를 누비며 눈부신 업적을 남겼다. 하지만 그는 한마디 말실수로 양제에게 문책을 당하게 되었다. 설도형은 사소한 잘못으로 여기고 담당 관리에게 빠른 판결을 요청했다. 그는 지난날 세운 공적이 있기 때문에 양제가 자신을 용서하리라고 믿었다. 하지만 배온은 양제가 진작부터 설도형을 못마땅해 한다는 사실을 알고 있었다. 배온은 양제에게 이렇게 상소했다.

"설도형은 지난날의 공적과 자신의 재주를 믿고 폐하를 무시합니다. 그는 황제의 조서를 비난할 뿐 아니라 여기저기 떠벌이고 다닙니다. 그의 죄명은 겉보기에는 불경죄에 해당되지만 근본을 따져보면 그는 반역의 마음을 품고 있는 것입니다. 엄중히 다스려야 할 것입니다."

양제는 배온의 주장이 자신의 생각과 부합되자 고개를 끄덕였다.

"그렇소. 나는 젊은 시절에 그와 함께 전쟁에 나간 적이 있었소. 그는 내가 나이가 어리다고 얕보고 함부로 굴었소. 이제 내가 황제의 자리에 오르자 그는 처벌받지 않을까 염려하오. 지금 천하가 태평해 반역을 꾸밀 기회는 없지만 그대의 지적처럼 설도형은 반역의 마음을 품고 있는 것이 분명하오."

결국 양제는 설도형을 반역죄로 죽이고, 처자식들을 지금의 신강 위구르 자치구에 있는 차말且末로 유배시켰다. 그러자 당시 조야의 관리들은 모두 설도형이 억울한 죽임을 당했다고 여겼다.

한편, 양제는 고구려 정벌을 생각했다. 그는 소위蘇威에게 의견을 물었다. 충성스러운 소위는 각지에서 반란을 꾸미는 관계로 국내 정세가 위태롭기 때문에 고구려 정벌은 자칫 위기를 자초할 수 있다며 반대했다.

"고구려 정벌에는 황제의 군사를 단 한 명도 동원할 필요가 없습니다. 전국의 농민반란군을 모두 사면시키면 수십만 명이나 됩니다. 그들에게 요서遼西와 바닷길로 나뉘어 고구려를 공격하게 한다면 그들은 자신들을 사면한 황제의 은혜에 기뻐하며 기꺼이 공을 세우려고 할 것입니다. 그러면 일 년 안에 고구려를 멸망시킬 수 있습니다."

양제는 이 말에 귀를 기울이지 않았다.

"내가 대군을 이끌고 쳐들어가도 고구려를 항복시키지 못하는데 그런 오합지졸들을 무엇에 쓴단 말인가?"

소위가 물러가자 배온이 상소를 올렸다.

"소위는 진실하지 못합니다. 세상 어디에 그렇게 많은 반란군이 있단 말입니까?"

 양제는 순간 정신이 번쩍 들었다. 그리고는 벌컥 화를 냈다.

 "교활한 늙은이가 반란군으로 나를 위협하였구나! 그 주둥이를 채찍질하고 싶지만 차마 그렇게 할 수가 없구나."

 배온은 양제의 마음을 읽어 냈다. 그는 즉시 소위를 탄핵했다. 그러자 양제는 기다렸다는 듯이 소위를 심문하게 했고, 배온은 소위에게 사형을 언도했다. 하지만 양제는 차마 사형집행을 윤허하지 못하고 형벌을 낮춰 소위의 가족 삼대三代를 모두 평민으로 강등시켰다.

 배온은 훗날 반란군에게 죽임을 당했는데, 그것은 그의 행위가 불러온 인과응보였다. 또 한쪽 말만 듣던 양제는 점점 전횡이 심해졌고 결국 농민봉기군에게 보위를 내주고 말았다.

37.
현명하고 지혜롭게 처신하여

현명하고 지혜롭게 처신하여
그 몸을 고이고이 간직하시네.

旣明且哲기명차철, 以保其身이보기신.

「대아 大雅 증민 烝民」

풀이

明哲 명철 '밝은 지혜'라는 의미.
保身 보신 사리에 순응하여 자신을 보전함.

해설

「증민烝民」은 중산보仲山甫가 주나라 선왕宣王의 명을 받고 제齊나라에 성을 쌓으러 가게 되자 윤길보尹吉甫가 그를 위로하기 위해 지은 작품이라고 한다.

지금 흔히 사용하는 '명철보신明哲保身'이라는 말은 여기에 인용된 「증민」의 구절에서 유래되었다. '명철보신'은 이 작품에서는 중산보가 덕성과 지혜를 고루 갖추고 있어서 입신立身에 아무 문제가 없다는 것을 칭송하는 의미이다. 그러나 지금은 어떤 일에 부딪쳐 오직 자신만을 생각하는 이기적인 태도를 가리키는 의미로 사용된다.

예화

풍도가 부귀공명을 위해 철저하게 이익을 좇다

풍도馮道는 오대五代 시기의 인물로, 역사적으로 보기 드문 인물이다. 그는 당나라 명종明宗 때에 재상을 지내고, 나중에 후당後唐, 후진後晋, 거란, 후한後漢, 후주後周의 다섯 왕조, 여덟 성씨, 열한 명의 황제를 섬기며 20년이 넘는 동안 벼슬살이를 하였다. 역사서에는 그를 일러 "여러 왕조를 거치면서 장상將相, 삼공三公, 삼사三師의 지위를 누렸는데", "임금은 흥망이 잇달았지만, 풍도는 부귀가 변함없었다."고 기록하였다. 이런 까닭으로 풍도는 스스로 '장락노長樂老'라고 일컬었다. 아무튼 그는 역사적으로 관계官界에서 오뚝이와 같은 존재로 널리 알려졌다.

풍도는 본래 농촌 출신으로, 그의 조상은 전혀 벼슬살이를 한 적이 없었다. 풍도 자신도 남보다 뛰어난 구석은 없었다. 다만 우연한 기회에 진왕부晉王府에서 문서를 취급하는 서기書記 자리를 맡아보게 되었다. 당시 진왕 이존욱李存勖은 무인武人으로 전혀 글을 몰랐다. 그래서 문서와 관련된 업무는 모두 풍도에게 일임했다. 풍도는 출신이 빈한했기 때문에 어려움을 참고 견딜 줄 알았을 것이다. 그는 이존욱을 쫓아 전쟁터를 누비며 고단한 나날을 보냈지만 조금도 힘들어 하지 않았다. 또 남을 배려할 줄 알아서 군중에서 차츰 좋은 평판을 듣게 되었다.

이존욱은 후량後梁을 멸망시키고 황제의 자리에 올랐다. 바로 역사에서 말하는 후당後唐의 장종莊宗이다. 하지만 이존욱은 오직 무공武功만 중요하게 여겼을 뿐 풍도의 공헌은 조금도 생각해 주지 않았다. 그런데 얼마 후 장종이 세상을 떠나자 명종明宗 이사원李思源이 뒤를 이어 즉위했다. 명종은 환갑을 바라보는 나이로 자기 주위에 문장이 뛰어난 문인이 없다는 사실을 알게 되었다. 이에 그는 평판이 좋은 풍도를 떠올렸고, 그를 재상에 버금가는 단명전학사端明殿學士로 삼았다. 이리하여 풍도는 드디어 고관의 삶을 살게 되었다.

명종은 황제의 자리에 있는 8년 동안 풍도를 매우 신임했다. 풍도는 특별한 공적을 남기지는 않았지만 여러 가지 좋은 일을 해냈다. 예컨대 명종이 백성에게 관심을 갖게 만들었고, 또 재능 있는 사람들을 발탁하게 하였다. 또 유가 경전을 대대적으로 발간했는데, 이는 인쇄사와 문화사에 있어 큰 의미를 갖는 일이었다.

그러나 풍도는 재능과 학식이 평범했기 때문에 동료들에게 존경받지는 못했다. 하루는 그가 조정에서 나오는데 공부시랑 임찬任贊이 옆에 있던 사람들에게 이렇게 말했다.

"재상이 종종걸음 치면 허리춤에서 『토원책兎園策』이 떨어질 것일세."

사람들은 모두 웃음을 터뜨렸다. 『토원책』은 쉬운 한자를 익히기 위한 교본이었다. 임찬은 풍도가 학식이 낮다는 사실을 이렇게 비꼰 것이었다.

풍도는 명종이 죽은 뒤에도 자신의 자리를 지키기 위해 명분을 버리고 철저하게 악역을 떠맡았다. 명종의 아들 이종후李宗厚가 즉위한 지 넉 달 만에 명종의 양아들 이종가李宗珂가 황제의 자리를 빼앗으려고 정변을 일으켰다. 정변이 일어났다는 소식을 들은 이종후는 얼른 명종의 사위 석경당石敬塘에게로 달아나 몸을 숨겼다. 이튿날 아침, 풍도를 비롯한 대신들은 비로소 정변이 일어났고 황제는 어디론가 종적을 감췄다는 사실을 알게 되었다. 풍도는 이종후를 찾을 생각은 않고 오히려 이종가를 옹립하려 했다. 그것은 이종가에게는 강한 군사력이 있지만 이종후는 우유부단할 뿐이라는 사실을 알고 있었기 때문이었다. 대신들이 이에 반대하자 풍도는 이렇게 말했다.

"반대하지 마시오. 이렇게 하는 편이 현실적이오."

풍도는 결국 이종가를 황제로 옹립하고 자신은 사공司空을 맡았다. 한편, 석경당은 이종가에게 맞설 역량이 없었다. 그는 결국 국토를 떼어주고 자신을 '아황제兒皇帝'로 일컫는 굴욕적 조건을 내세워 북방의 거란에게 도움을 요청했고, 거란의 대한大汗 야율덕광耶律德廣은 이를 받아들였다. 마침내 명종의 기치를 내건 석경당은 거란의 도움으로 이종가를 제압하고 후진後晉을 세웠다.

풍도는 명종의 구신舊臣이었기에 재상의 지위를 되찾고 거란에 사신으로 가는 중책을 맡게 되었다. 당시 사람들은 이를 매우 힘든 임무로 여겼다. 자칫하면 살아서 돌아오지 못할 것이라고 생각했기 때문에 아무도 이 일을 맡으려 하지 않았다. 하지만 오랫동안 관계에서 풍상을 겪은 풍도는 이것이야말로 자신의 지위를 더욱 굳건하게 만들 수 있는 절호의 기회라고 판단하고 자발적으로 거란에 사신으로 가기를 청했다. 역사서의 기록에 따르면, 당시 풍도는 두 달 동안 거란에 억류되어 있었다. 야율덕광은 풍도가 거란에 충성하는 것이 분명하다고 판단되자 비로소 그를 돌아가게 했다. 하지만 풍도는 이것이 자신을 시험하는 것이라고 여기고 세 번이나 거란에 머물러 있게 허락해 달라고 요청했다. 하지만 끝내 허락을 받지는 못했다. 풍도는 한 달을 더 머무르고서야 귀국길에 올랐다. 그는 귀국길에서도 수시로 머무르며 두 달이 넘어서야 비로소 국경을 넘었다. 풍도의 이런 행동은 모두 계산된 것으로, 거란의 군주에게 충성심을 보이려는 술책이었다. 풍도의 이런 모험은 과연 후진에 큰 이익을 가져왔다. 석경당은 풍도를 더욱 중시해 '노국공魯國公'에 봉했다.

얼마 후 거란과 후진 사이에 갈등이 생겼다. 야율덕광은 30만 대군을 이끌고 쳐들어와 일거에 후진을 멸망시켰다. 야율덕광은 풍도에게 물었다.

"당신은 어떤 늙은이요?"

"덕망도 없고 재주도 없으며, 그저 어리석은 늙은이일 뿐입니다."

야율덕광은 큰 소리로 웃었다. 풍도가 덧붙였다.

"오직 폐하만이 고달픈 천하 백성들을 구할 수 있습니다."

풍도의 아첨은 야율덕광을 기쁘게 만들었다. 누군가 풍도가 거란에 반항하는 활동에 관여되어 있다고 밀고하자 야율덕광은 이렇게 말했다.

"나는 그 늙은이를 잘 알고 있다. 그는 그런 일을 꾸밀 사람이 아니다. 함부로 말하지 말라."

나중에 거란은 중원 한족들의 저항으로 부득이 철수하게 되었다. 석경당의 부하인 유지원劉知遠이 이를 틈타 황제의 자리를 탈취하고 후한後漢을 세웠다. 그는 후진의 신료들을 농락하려고 풍도를 태사太師에 임명했다. 4년 후, 유지원의 부하 곽위郭威가 후한을 멸망시키고 후주後周를 세웠다. 곽위는 풍도를 태사중서령에 임명했다. 풍도는 새로운 주군을 위해 유지원의 양자 유빈劉贇에게 투항을 권유했다. 유빈은 풍도를 쉽게 믿고 따라나섰다가 곽위의 군사에게 사로잡혔다. 유빈은 풍도를 원한의 눈초리로 바라보며 이렇게 말했다.

"나는 당신이 30년이나 재상을 지낸 사람이기에 의심하지 않고 따라나섰는데 이렇게 배신할 줄은 미처 몰랐소."

풍도는 자신의 지위를 지키기 위해 주군과 동료를 팔아먹는 짓도 서슴지 않았던 것이다.

후주 현덕顯德 원년인 954년에 풍도는 73세의 고령으로 세상 온갖 부귀를 모두 누리고 세상을 떠났다. 풍도는 생전에 「장락노자서長樂老自敍」라는 자신의 전기를 지었는데, 이 글에서 그는 자신이 받든 왕조와 거란이 변경汴京을 점령했던 시절에 지낸 각종 직관과 봉호封號를 세세히 기록하면서 영광스러워했다. 훗날 송나라 구양수歐陽修는 『신오대사新五代史』를 편찬하면서 풍도는 "주군을 죽음으로 몰아넣고 나라를 멸망으로 이끌고도 뉘우치는 마음이 없었다."고 비판하고, 또 "염치를 모르는 인간이다."라고 혹평했다.

38. 날로 쌓고 달로 쌓아

날로 쌓고 달로 쌓아
애쓰고 애써 밝은 지경에 이르리라

日就月將일취월장, 學有緝熙于光明학유집희우광명.
「주송周頌 경지敬之」

풀이

就취 '구久'와 같음. 오래됨.　將장 오래됨의 의미.
緝熙집희 쌓인 것이 넓고 큼. 분발하여 나아감의 의미도 있음.

해설

「경지敬之」는 주나라 성왕成王이 자신을 경계한 작품이다. 무왕武王의 아들 성왕은 어린 나이에 임금 자리에 올랐지만 주공周公과 같은 훌륭한 신하들의 보필로 주나라를 안정시켰다. 이 작품에는 성왕의 겸손한 면모가 잘 드러난다. 성왕은 자신은 젊으므로 나라를 평안하게 다스리기 위해서는 학문을 닦고 경험을 쌓아야 한다고 여겼다.

사람의 재능과 학문은 선천적으로 갖추어지는 것이 아니다. 반드시 후천적인 노력이 따라야 한다. 날로 쌓고 달로 쌓아야만 양적 변화를 거쳐 질적 변화를 이룸으로써 '훤히 밝은' 경지에 이를 수 있다. 그러면 비로소 무지함을 내던지고 지혜로워질 수 있다.

'일취월장日就月將'은 바로 이 구절에서 유래된 말이다. 이는 적은 것도 부지런히 쌓아 나가면 많아진다는 의미를 담고 있다.

예화

담천이 평생의 정열을 기울여 「국각」을 편찬하다

명나라 말기와 청나라 초기에 걸쳐 살았던 역사학가 담천談遷은 평생 학문에 정진해 청사에 이름을 남긴 인물이다.

담천은 본명이 이훈以訓이었으나 청나라 순치順治 2년인

1645년 명나라가 망한 것을 기억하고자 자신의 이름을 천遷으로 고쳤다. 그는 어려서부터 독서를 많이 하여 폭넓은 학식을 쌓았는데, 특히 명나라의 전고典故에 대해 관심이 컸다.

명나라 천계天啓 원년인 1621년, 담천은 모친상을 치르면서 명나라와 관련된 역사서를 두루 살펴보았다. 명나라 때에는 황제마다 실록實錄을 기록해 두었는데, 그 가운데는 잘못 기록되거나 빠진 것이 많이 있었다. 예컨대 『태조실록太祖實錄』은 세 차례의 수정을 통해 적지 않은 역사적 진상을 숨겨 버렸고, 『효종실록孝宗實錄』은 간신 초방焦芳이 편찬한 것으로 사실을 왜곡한 기록이 무척 많았다. 또 진건陳建이 편찬한 『황명통기皇明通紀』도 오류가 많고 관점이 좁았다. 이런 이유로 담천은 명나라의 역사를 새로 써야겠다는 사명감을 갖게 되었다. 관련 자료를 수집하러 나선 그는 어려운 살림살이 때문에 자료를 사들이지는 못하고 동분서주하며 책을 빌려 부지런히 베꼈다. 그러는 동안에 그는 1백 종이 넘는 명나라 관련 역사서를 서로 비교하고 정리하여 사건에 따라 전체를 다시 배열했다. 그리고 여섯 차례에 걸친 수정 작업을 통해 천계 6년인 1626년에 마침내 초고를 완성했다.

청나라가 산해관山海關을 넘어 명나라를 멸망시키자 비분강개한 담천은 더욱 저술에 매달렸다. 한편, 남명南明 정권은 그에게 사관史館 벼슬을 내렸는데, 담천은 완곡히 이를 사양했다.

"국가가 불행에 빠졌는데 어찌 자신을 위해 벼슬을 받을 수 있겠는가!"

담천은 숭정崇禎과 홍광弘光 연간의 사실을 더해 초고를 보완하는 작업에 나섰다. 그는 숭정 황제가 집권한 17년 동안의 저보邸報를 두루 열람해 부족한 기록을 보충했다. 저보란 황제의 조령이나 신하의 상소문 등을 기재한 것으로 오늘날의 관보官報와 같은 것이다. 마침내 책이 완성되었고, 담천은 이를 『국각國榷』이라고 명명했다.

그런데 불행한 일이 벌어졌다. 당시 전란을 몸소 체험한 강남의 어떤 인물이 저술을 통해 세상의 난리가 초래된 이유를 기록으로 남겨 후세에 알리고자 했다. 하지만 그는 견문이 좁고 근거할 만한 자료를 확보하지 못하고 있었다. 그는 담천이 『국각』을 저술했다는 소문을 듣고 이를 훔쳐 마치 자신이 지은 것처럼 꾸미려 했다. 어느 깊은 밤, 담천의 집에 도둑이 들어 『국각』의 원고를 모두 훔쳐 갔다. 당시 담천은 이미 55세의 나이였다. 20년도 넘게 피땀 흘려 이룩한 저술이 하룻밤 사이에 감쪽같이 사라지자 상심한 담천은 목숨을 끊어 버리려 했다. 하지만 그는 주저앉지 않았다.

"내 두 손은 아직도 멀쩡하다. 이런 일로 저술을 멈추지는 않을 것이다!"

담천은 처음부터 다시 시작했다. 그는 가선嘉善, 귀안歸安, 오흥吳興, 전당錢塘 등지를 돌며 책을 빌리고 베꼈다. 그렇게 하기를 4년, 청나라 순치順治 7년인 1651년에 담천은 다시 『국각』을 완성했다. 『국각』은 완성되었지만 또 다른 문제가 생겼다. 만력 황제에서 숭정 황제에 이르는 수십 년 동안의 역사적 사실에 대해서는 기록이 서로 일치되지 않고 논란이 많아 시비를 가리기 어려웠던 것이다. 이런 점은 담천도 불만이었다. 북경으로 가서 보완하고 싶었지만, 집안 형편 때문에 실행하지 못하고 망설이던 중 순치 9년인 1653년, 그는 홍문원弘文院의 기실記室을 맡아 북경으로 가게 되었다. 담천은 배를 타고 운하를 거쳐 북경으로 갔다. 북경에 머무른 2년 반 동안 그는 일상적인 글을 쓰는 것 이외에는 모든 정력을 『국각』의 보완에 쏟았다. 역사의 현장을 답사하고자 담천은 환갑이 넘은 나이에도 강을 건너고 높은 산을 올랐다. 현장을 찾게 되면 그곳의 상황을 세세히 기록했다. 종이가 떨어지면 다 쓴 종이의 뒷면을 이용했다. 또 명나라의 관리를 지낸 사람이나 유민遺民들을 찾아 도처를 헤매고 다녔다. 작은 실마리라도 찾아내면 끝까지 추적했다. 그는 이렇게 보고 들은 내용을 문헌 기록과 일일이 대조해 『국각』을 보충하고 오류를 바로잡았다.

순치 13년인 1657년 겨울, 담천은 병으로 친구 집에서 세상을 떠났다. 그는 많은 저술을 남겼지만, 그 가운데서도 가장 가치 있는 저술은 바로 『국각』이다. 『국각』은 명나라의 역사를 편년체編年體로 기술한 역사서로, 원나라 천력天曆 원년인 1328년에서 기록을 시작해 명나라 홍광 원년, 즉 청나라 순치 2년인 1645년까지의 역사적 사실을 담았다. 모두 108권으로 구성되었으며, 원고의 분량은 5만 자가 넘는다. 자세한 사실 기록과 정교한 고증을 특징으로 하는 중요한 문헌이다.

 담천은 평생토록 붓을 놓지 않고 정력을 쏟았다. 그는 일취월장日就月將했고, 어려움에 처해서도 뜻을 꺾지 않았기에 마침내 빛나는 경지에 도달하게 되었다.

39.
하늘이 제비에게 명하시어

하늘이 제비에게 명하시어
세상에 내려가 상나라 민족의 선조 낳게 하시고
드넓은 은나라 땅에서 살게 하셨지

天命玄鳥천명현조, 降而生商강이생상, 宅殷土芒芒택은토망망.
「상송 商頌 현조 玄鳥」

풀이

玄鳥현조 제비. 일설에는 봉황鳳凰이라고도 함.
宅댁 거처함.
殷土은토 은나라의 땅. 지금의 하남성 일대.
芒芒망망 넓은 모양.

해설

「현조玄鳥」는 상商나라의 후손들이 조상에게 제사를 지낼 때 불렀던 송가頌歌다.

상商은 황하 하류에 있던 고대 부락으로, 성씨는 자子였다. 나중에 탕왕湯王에 이르러 하夏나라를 쓰러뜨리고 상나라를 세웠다. 그 후 반경盤庚 임금에 이르러 도읍을 은殷으로 옮기고 강역이 가장 넓은 전성기를 누렸지만 주왕紂王 때에 이르러 서쪽 위수渭水 유역에서 일어난 주周나라에게 멸망하고 말았다.

주나라는 건국한 이후 예악과 전장典章을 정비하면서 상나라의 문화를 일부 받아들였지만, 이는 훗날 대부분 소실되었다. 『논어論語』와 『예기禮記』 등에 따르면, 늦어도 공자孔子의 시대인 기원전 6세기 무렵에 이르면 상나라의 예법제도를 살펴볼 수 있는 자료가 거의 남지 않게 되었다. 다행히 20세기 초반에 은허殷墟에서 많은 갑골문甲骨文이 발견됨으로써 상나라의 문화를 이해하는 데에 큰 도움을 준다.

무왕武王은 주왕을 정벌하고 상나라를 멸망시킨 다음, 은나라의 후손을 송宋 땅에 봉하고 조상의 제사를 받들게 하였다. 「상송商頌」에 실려 있는 「나那」, 「열조烈祖」, 「현조玄鳥」, 「장발長髮」, 「은무殷武」 등은 송인宋人이 조상의 공적을 칭송한 노래들로, 상나라의 역사와 전설을 담은 송가이다. 이들 가운데서도 상탕의 개국 업적을 칭송한 「현조」는 가장 중요한 작품이다.

예화

상나라를 세운 민족의 역사가 간적에서 시작되다

상나라의 민족 시조인 설契의 어머니 간적簡狄은 상고시대 유융씨有娀氏의 여인이라고 전한다.

하루는 간적이 언니들과 함께 강에 나가 미역을 감고 있는데, 어디선가 제비가 날아와 물고 온 새알을 떨어뜨렸다. 오색 영롱한 새알은 눈부시게 아름다웠다. 간적은 새알을 이리저리 살펴보다가 입에 넣었는데 미끄러지듯이 목구멍으로 넘어가 버렸다.

간적은 언니들과 즐겁게 이야기를 나누며 집으로 돌아왔다. 그런데 며칠이 지나자 간적의 몸에서 태기가 나타났다. 그리고 열 달이 지나자 건강한 사내아이가 태어났다. 간적은 아이의 이름을 '설'이라고 지었다.

간적은 부락의 인사 문제를 능숙하게 다루었고, 천문天文에 정통했으며, 남에게 은혜를 베풀 줄 아는 여인이었다. 설이 조금 성장하자 간적은 그에게 나라를 다스리는 데에 필요한 지식을 가르쳤다. 설은 유난히 총명해 학습 속도가 빨랐고, 성장하면서 차츰 사람들에게 이름이 알려졌다.

당시에는 요堯 임금이 세상을 다스렸는데, 요 임금은 설이 재능이 뛰어나다는 소문을 듣고 그를 불러 사도司徒에 임명했다. 요 임금이 세상을 떠나고 순舜 임금이 뒤를 이었다. 순 임금은 설에게 이렇게 말했다.

"백성들이 서로 화목하게 지내지 못하고, 오륜五倫이 조화를 이루지 못하오. 그대를 사도로 삼아 오륜의 교화를 널리 행하고자 하오. 무엇보다도 관용이 중요하오."

순 임금은 설에게 상商 땅과 자씨子氏의 성씨를 내렸다. 설은 대우大禹가 홍수를 다스리는 일을 도와 사람들의 칭송을 받았고, 그가 다스리는 고장의 백성들은 편안하게 생업에 종사하며 살아갈 수 있었다.

설에서 13대가 전해져 탕왕湯王의 시대에 이르러 도읍을 박亳으로 옮겼다. 박은 지금의 안휘성 박현亳縣으로, 선왕인 제곡帝嚳의 옛 도읍이었다. 탕왕은 선비들을 예로써 대우하여 재능 있는 많은 사람들이 스스로 찾아오게 만들었다.

이윤伊尹은 나라를 다스림에 있어서 뛰어난 재능을 지닌 인물이었다. 그는 상나라로 가고 싶었지만 방법이 없었다. 그러던 중 마침내 유신씨有莘氏가 상나라 탕왕과 혼사를 치르는 기회를 이용해 유신씨의 노예로 가장하고 상나라로 들어가게 되었다. 이윤이 상나라에서 처음 맡은 일은 요리사였다. 그는 탕왕에게 요리를 올리는 기회를 이용해 슬며시 왕도王道에 대한 견해를 피력했다. 그러자 탕왕은 이윤에게 남다른 재능이 있음을 알고 그를 대신에 임명하고, 또 하나라 걸왕桀王에게 추천했다. 하지만 하나라로 간 이윤은 걸왕이 폭군이라는 사실에 크게 실망하고 상나라로 돌아와 탕왕을 보필했다.

탕왕은 이윤에게 이렇게 말했다.

"사람은 물에 비추어 자기 모습을 볼 수 있고, 백성들을 통해 치란治亂을 알 수 있소."

"훌륭한 말씀이십니다. 남의 의견을 들을 줄 안다면 나라를 다스림에 큰 도움이 될 것입니다. 나라를 다스림에는 백성을 자식처럼 아끼고, 덕행을 갖춘 인물을 발탁해 관리로 삼아야 합니다."

탕왕은 사람들의 의견을 널리 받아들이고 어진 정치를 베풀었다. 한번은 탕왕이 외출을 하다가 새를 사냥하는 사람을 보게 되었다. 그는 그물을 사방으로 넓게 펼쳐놓고 이렇게 기원했다.

"사방팔방의 새들이 모두 여기로 들어오게 하소서!"

탕왕은 옳지 못하게 여기고 이렇게 말했다.

"일망타진해서야 되겠는가?"

탕왕은 그물의 세 면을 걷어내고 한쪽 면만 남겨놓고는 이렇게 기원했다.

"왼쪽으로 가려는 놈들은 왼쪽으로 가고, 오른쪽으로 가려는 놈들은 오른쪽으로 가라! 내 말을 듣지 않는 놈들은 이 그물로 들어올 것이다."

제후들은 이 일을 전해 듣고 이구동성으로 말했다.

"탕왕의 덕행은 정녕 크도다. 새와 짐승까지 생각하다니!"

당시 하나라는 걸왕의 포학함과 제후 곤오씨昆吾氏의 농단으로 백성들이 분개하고 있었다. 탕왕은 마침내 군사를 일으켜 제후들을 이끌고 걸왕을 정벌했다. 이윤도 탕왕을 따라나섰다. 탕왕은 큰 도끼를 들고 앞장서 곤오씨를 쳐부수고, 또 걸왕을 무찔렀다. 걸왕은 패전을 거듭하며 명조鳴條로 달아났다. 명조는 지금의 산서성 하현夏縣 서북쪽에 있었다. 이어서 탕왕은 명령에 불복하는 제후들을 정복하고, 천자의 자리에 올랐다. 그러자 천하는 태평을 되찾았다.

탕왕 이후로 상나라는 몇 차례나 도읍을 옮겼다. 반경 때에는 은殷으로 도읍을 옮겼다. 그래서 상나라는 은나라로도 불린다. 탕왕으로부터 31명의 임금을 거치며 전해진 상나라는 주왕紂王에 이르러 하나라의 전철을 되밟았고, 결국 서쪽에서 일어난 주나라에게 멸망당하고 말았다.

알짬 고전 시리즈 5

명언과 역사로 보는
시경 이야기

초판 1쇄 발행 | 2008년 10월 20일
초판 2쇄 발행 | 2012년 1월 10일
기획 | 중국공자기금회
지은이 | 楊曉偉 · 張明
옮긴이 | 남종진
발행인 | 강희일 · 박은자
발행처 | 다산미디어
디자인 | 민하디지탈아트 (02)3274-1333

주소 | 서울시 마포구 용강동 494-85 다산빌딩 402호
전화 | 717-3661
팩스 | 716-9945
이메일 | dasanpub@hanmail.net
홈페이지 | www.dasanbooks.co.kr
등록일 | 2005년 7월 14일
등록번호 | 제313-2005-151호
도서유통 | 다산출판사

이 책의 판권은 다산미디어에 있습니다.
잘못된 책은 구입하신 서점에서 바꾸어 드립니다.

ISBN 978-89-86316-23-0 04100
ISBN 978-89-86316-18-6(세트)
정가 9,000원